AI와 오디오 포렌식

AI문고

인공지능 시대입니다. 기계가 인간의 인지를 대신하고, 사물이 인간을 통하지 않고 다른 사물과 직접 커뮤니케이션합니다. 이에 따른 인간 삶과 문명 변화를 정확히 이해 · 예측 · 대응하는 것은 이 시대 우리 모두의 과제입니다. AI문고는 인공지능 기술과 환경의 여러 주제를 10가지 키워드로 정리합니다. 관련 개념과 이론, 학계와 산업계의 쟁점, 우리 일상의 변화를 다룹니다. 인간과 기술의 현재, 미래를 세심히 분석합니다.

일러두기

- 인명, 작품명, 저서명, 개념어 등은 한글과 함께 괄호 안에 해당 국가의 원어를 병기했습니다.
- 외래어 표기는 현행 어문규정의 외래어표기법을 따랐습니다.

처음이세요?

전문가세요?

지금, 큐알 찍으면

- AI 입문서 바로 선물
- 당신만의 필독서 추천
- 500권 요약본 공짜
- 오디오북 무료 사용

AI와 오디오 포렌식

박재완

대한민국, 서울, 커뮤니케이션북스, 2025

AI와 오디오 포렌식

지은이 박재완
펴낸이 박영률

초판 1쇄 펴낸날 2025년 11월 17일

커뮤니케이션북스(주)
출판 등록 2007년 8월 17일 제313-2007-000166호
02880 서울시 성북구 성북로 5-11
전화(02) 7474 001, 팩스(02) 736 5047
commbooks@commbooks.com
www.commbooks.com

ISBN 979-11-430-1493-1 03500

책값은 뒤표지에 표시되어 있습니다.

차례

AI 시대, 진실의 소리를 듣다

오늘날 스마트폰을 이용한 녹음은 대화, 회의, 통화는 물론이고 법적 분쟁을 대비한 음성 녹음은 일상의 기록이 되고 있다. 이러한 음성 녹음은 단순한 일상의 기록을 넘어 누가, 언제, 어떤 감정으로 말했는지를 기록할 수 있는, 실용적, 법적, 정서적 가치를 발휘하는 강력한 도구로 자리 잡고 있다. 특히 음성 녹음은 공익적 진실 규명과 위법적 행위에 대한 증거로 선의의 목적으로 활용되고 있다. 하지만 이러한 일상의 녹음이 인간 존엄성과 사생활의 비밀과 자유를 해치는 악의적 수준으로 사용되기도 한다. 이러한 이유로 우리나라에서는 사생활 보호와 공익적 진실 규명의 균형에 맞춰 "당사자가 아닌 제3자의 도청"을 처벌하지만, "자신이 당사자로 참여한 통신을 녹음하는 행위는 통신비밀보호법 위반이 아니다"는 판례를 따르고 있다(대법원, 2014.5.16).

최근 AI 기술의 급속한 발전에 따라 누구나 단 몇 초의 음성만으로 특정인 목소리의 톤과 말투, 감정까지 복제하는 '딥페이크 음성(deepfake audio)' 기술이 보편화되기 시작했다. 우리는 존 F 케네디(John F. Kennedy)의 음성을 통해 그가 읽지 못한 댈러스(Dallas)의 연설문을 그의 육성으로 들을 수 있는 시대를 맞이했고(Steinbuch, 2018.3.16), 루게릭병 환자와 청각장애인에게 목소리를 찾아주는 서비스를 마주하게 됐다(박소정, 2019.3.5; 구교형, 2020.4.1). AI 기술이 가져온 이러한 수많은 긍정적인 측면에도 불구하고 딥페이크 음성은 악용되기 시작했다. 2021년 아랍에미리트(United Arab Emirates, UAE)의 한 은행에서 기존 거래 고객이던 대기업 임원의 전화를 받고 420억 원을 송금했지만, 이는 사실 해당 기업 임원을 사칭한 딥페이크 음성 피싱(deepfake voice phishing)이었다(이소민, 2024.9.11). 또한 2023년 9월 슬로바키아(Slovakia) 총선에서는 딥페이크 음성이 선거 판세에 큰 영향을 미쳤다. 선거 직전까지만 해도 우위를 달리던 야당 대표가 "우리 당이 선거에 이기려면 (소수 민족인) 로마(Roma, 집시를 뜻하는 유럽 내 공식 용어)에게 돈을 줘야 한다"고 말한 딥페이크 음성 파일이 공개된 것이다(김민정, 2024.1.23). 곧 딥페이크 조작물로 밝혀졌지만, 집권당이 승리한 후였다. 결과적으로 혐오와 편견을 자극하는 네거티브 캠페인과 허위 정보가 첨단 기술인 딥페이크와 만나 선거 결과를 뒤바꾼 것이다(한귀영, 2024.1.8).

더욱이 딥페이크로 생성된 음성을 스마트폰에서 녹음된 파일에 붙여 넣은 뒤, 이를 법정 증거로도 제출할 수도 있다. 예를 들어 '… 맞아 너 그런데 1억 빌린 거 언제 갚을 거야?'라는 음성을 녹음한 후 상대방의 목소리를 딥페이크로 '빨리 갚을게!'를 만들어 두 음성을 결합해 법정 증거로 제출할 수 있다. 만약 이 음성 파일이 증거로 채택된다면 '듣는 것'의 신뢰 붕괴가 야기하는 사회적 혼란이 발생할 것이다. 이는 이미 현실화되고 있을지 모른다.

이러한 위변조는 음성 녹음의 대부분은 실제 상황이고 아주 작은 부분만이 딥페이크가 만든 음성이라면, 이를 탐지하는 기술은 딥페이크 음성을 탐지하는 기술이 아닌 편집을 탐지하는 기술에 가깝다. 최근 오디오 편집 도구의 발전으로 음성 편집이 포토샵(Photoshop)과 같은 방식으로 손쉽고 정밀한 편집이 가능해졌다. 더욱이 스마트폰 기본 녹음 앱이 편집 기능을 포함하면서 다시 저장할 수 있게 되었다. 이는 처음 녹음 파일(원본 파일)과 동일한 형식으로 만들 수 있다는 것을 의미한다. 이러한 스마트폰의 음성 파일 위변조는 간단하게 녹음, 편집, 저장, 조작의 과정으로 가능하다. 스마트폰은 파일의 입

출입이 가능하기 때문에 편집 후, 스마트폰으로 가져와 다시 저장한다. 새로 저장된 파일을 스마트폰 밖으로 가져와 원본 파일과 위변조된 파일을 비교하면서 메타데이터(metadata)와 파일 구조를 동일하게 맞추면 위변조는 완성된다.

2019년 여름 나는 위변조라고 주장하는 음성 파일을 경험한 적이 있다. 메타데이터와 파일 구조를 조사했고 스펙트로그램(spectrogram, 소리를 시각화한 이미지)을 관찰했다. 메타데이터와 파일 구조는 동일한 기기, OS, 녹음 앱으로 녹음한 파일(비교용 테스트 파일)과 비교했을 때, 조작의 흔적을 찾을 수 없었다. 스펙트로그램도 얼핏 보면 문제가 없어 보였으나 천이 대역(transition band, 통과 대역과 차단 대역 사이에서 변하는 경계 대역으로 신호가 급격하게 감쇠함) 영역을 증폭시켰을 때 위변조라고 주장하는 파일과 비교용 테스트 파일은 차이를 나타냈다. 당시 오디오 포렌식(audio forensics)이 나의 전공 분야가 아니었기 때문에 과학적으로 설명하는 것이 불가능했다. 단지 나는 재현 실험을 통해 차이점을 발견한 것이다. 당시 몇몇 전문가들의 감정서를 검토해 볼 기회가 있었다. 그들은 대부분 메타데이터, 파일 구조, 스펙트로그램 분석 등을 통해 '편집 흔적이 없다'

는 결론을 내렸다.

나는 이러한 차이를 과학적으로 설명하기 위해 연구를 시작했다. 디지털 오디오 신호 처리에 대한 이론부터 오디오 포렌식 관련 연구까지 다양한 이론적 접근과 함께 편집의 흔적을 보기 위해 학생들이 수업 시간에 제출하는 오디오 편집 과제를—우리 학부에는 디지털 사운드 수업이 개설되어 있다—면밀히 관찰했다. 이러한 연구의 과정으로 '혼합 붙여넣기'에 의한 편집과 재인코딩할 때, 한국어 음소에서 발현하는 과학적 특징을 발견할 수 있었다. 이에 대한 특허를 출원하고 본격적인 오디오 포렌식 연구에 뛰어들었다.

나의 본격적인 연구는 단순히 이론에 머무르지 않았다. 오디오 포렌식 분야의 고질적인 문제였던 실무 데이터세트(dataset) 부재를 해결하기 위해, 세계 최초로 '혼합 붙여넣기 탐지'를 위한 스마트폰 오디오 데이터세트를 직접 설계하고 구축하는 과정으로 이어졌다. 이렇게 구축된 데이터세트를 기반으로, 실제 포렌식 현장에서 마주하는 구체적인 문제들을 해결하기 위한 혼합 붙여넣기 탐지 AI 모델을 직접 개발했다. 상용화를 위한 AI 모델로의 전환을 위해 현재 추가적인 개발이 진행되고 있다. AI 오디오 포렌식 연구는 디지털 오디오 이론, 능

숙한 오디오 편집 능력, AI 개발 능력, 법률적 지식 등 다학제적 능력을 요구하는 분야다. 이를 위한 체계적인 안내서가 존재하지 않는다. 이 때문에 연구에 많은 시행착오를 겪었고 이러한 과정은 이 책의 핵심적인 연구 토대가 되었다.

전통 오디오 포렌식 기술은 메타데이터나 파일 구조의 차이, 파형의 끊김, 배경 소음의 변화 등 명백한 흔적을 찾는 데 중점을 두고 있기 때문에 혼합 붙여넣기나 흔적을 의도적으로 지우는 안티포렌식(anti-forensics) 기법과 같이 정교한 위변조 앞에서는 명백한 한계를 드러낸다. 즉 전통 오디오 포렌식은 사실상 위변조범의 실수를 찾는 데 의존한다. 더욱이 전통 오디오 포렌식은 정밀한 위변조 탐지를 위해 많은 시간이 소요되고 이에 따른 높은 비용이 뒤따른다. 사설 감정 기관에 의뢰할 경우 수백만 원의 비용이 청구될지 모른다. 이러한 이유에서 오디오 포렌식 분야에 실무적 AI 도입이 필요하다.

정교한 딥페이크, 강력한 오디오 편집 도구, 발전하는 안티포렌식 등 이 모든 조건은 AI 보이스피싱(voice phishing)부터 조작된 법정 증거까지 범죄를 진화시키고 있다. 2024년 보이스피싱 피해액은 8545억 원으로 1년 새 두 배로 증가했으며, 올해는 지난해 동기 대비 99%

증가했다(공공데이터 포탈). 또한 법정에서 음성 파일이 위변조되었다고 주장하는 사례도 증가하고 있다(송유진 · 김기범, 2022). 이에 대한 대응을 위해 실무적 차원에서 AI의 도입을 빠르게 추진해야 한다. AI는 전통 포렌식 기법보다 미세한 음향적 차이, 노이즈 패턴, 음성 합성 흔적 등을 더 정밀하게 분석할 수 있으며, 사람의 귀로는 구분하기 힘든 조작 여부도 감지할 수 있다. 더욱이 AI는 수많은 음성 파일을 빠른 시간에 일괄 분석할 수 있어 비용을 절감할 수 있는 장점을 지닌다.

AI 오디오 포렌식 연구는 전 세계적으로 활발히 진행되고 있다. 이러한 연구의 결과는 딥페이크 음성 탐지에 대응하는 서비스의 출현을 낳았고, 최근에는 '실시간 AI 보이스피싱 탐지 서비스'가 상용화되었다(강혜린, 2025. 6.2), 반면 오디오 편집 탐지를 위한 AI는 연구 차원에 머물러 있다. 이러한 연구들은 실전 데이터세트를 사용하지 않는다는 점이다. 또한 오디오 편집 탐지와 딥페이크 오디오 탐지는 본질적으로 난이도가 다르다. 딥페이크처럼 일관된 패턴은 AI 기반 자동화 서비스가 탐지하는데 탁월하지만, 오디오 편집은 그 패턴이 매우 다양하고 비정형적이라 예측 불가능해 AI 기반 자동화 탐지 서비스를 개발하는 데 어려움이 있다. 또한 편집 영역을 숨기기 위해 노이즈나 필터를 추가하는 등의 안티포렌식은 더욱 탐지를 어렵게 만들고 있다. 이를 위한 체계적인 기술적 접근 방법은 필요하다.

기술은 나날이 발전하면서 위변조 기법도 나날이 발전하고 있다. 사적 비용으로 간주되던 감정 비용이 구조적으로 반복적으로 발생하고 사회 전체에 누적된다면, 사법 제도의 불완전성이나 공적 제도의 미비로 인해 발생하는 사회적 비용으로 변모하게 될 것이다. 이에 AI 오디오 포렌식의 도입은 더 이상 기술의 문제가 아니라 시간의 문제다. AI의 본격적인 도입을 준비하기 위해 AI를 위한 새로운 과학적 기준점이 필요하다. 즉, 무엇이 진짜이고 무엇이 가짜인지 판단할 체계적인 기준과 방법론에 대한 사회적 논의는 부족한 실정이다. 이에 이론을 실천으로 증명하는 융합 중심의 안내서가 필요하다. 이러한 기술적, 사회적 혼란 속에서 오디오 파일의 진위를 과학적으로 검증하고, 그 신뢰도를 논의할 수 있는 체계적인 안내서의 필요성을 절감하여 본 책을 집필하게 되었다.

이 책의 목표는 AI 시대에 맞는 오디오 포렌식의 새로운 표준을 제시하고, 기술의 원리부터 법률적, 윤리적 쟁점까지 아우르는 통합적인 시각을 제공하는 것이다. 이를 통해 궁극적으로 AI 오디오 포렌식에 대한 사회적 공감대를 형성하는 것이다. 더욱이 독자들은 이 책을 통해 이론 학습을 넘어, 실제 AI 포렌식 연구가 어떻게 기획되고, 수행되며, 검증되는지 전 과정을 생생하게 경험할 수 있을 것으로 기대된다. 이 책은 학생 및 연구자, 실무 전문가, 법조인, 정책 입안자까지 모두를 위한 체계적인 안내서가 될 것이다. 각 독자들이 이 책을 통해 얻게 될 지식과 통찰은 다음과 같다.

첫째, 학생 및 연구자는 이 책을 통해 오디오 포렌식 분야에 입문하여 기초 원리부터 최신 AI 기술까지 체계적으로 학습하고자 하는 이들을 위한 교과서가 될 것이다. 뿐만 아니라 AI 오디오 포렌식에 관련된 새로운 연구 이슈 및 방법에 대한 통찰을 얻을 수 있을 것으로 기대된다.

둘째, 포렌식 전문가와 수사관은 이 책을 통해 음성 파일 증거에 대한 기본적 이해를 기반으로 전통적 분석의 한계를 넘어 AI 기반의 새로운 분석 도구와 절차를 업무에 도입하고자 하는 실무자를 위한 지침서가 될 것으로 기대된다.

셋째, 법조인(판사, 검사, 변호사)은 이 책을 통해 AI 분석 결과의 증거 능력을 판단하고 법정에서 신뢰성 있게 활용하기 위한 법률적, 기술적 통찰을 얻고자 하는 이들을 위한 참조서가 될 것이다. 더욱이 음성 파일 증거의 취약성에 대한 이해뿐만 아니라 AI 분석 관련 법정 증거 채택 요건 및 국제 표준화 흐름 등에 대한 이해를 높일 수 있을 것으로 기대된다.

넷째, 정책 입안자 및 일반 시민은 이 책을 통해 AI 기술의 사회적 순기능과 역기능을 이해하고, 신뢰할 수 있는 디지털 사회를 구축하기 위한 정책적, 윤리적 고민을 함께하고자 하는 이들을 위한 교양서가 될 것으로 기대된다.

이 책의 구성과 흐름

이 책은 총 4부로 구성된다. 1부 '기본 원리의 이해', 2부 '오디오 포렌식의 한계와 전환', 3부 'AI 오디오 포렌식의 구현', 4부 '사회적 적용과 미래'로 체계적으로 탐구할 수 있도록 구성했다. 각 부는 독립적인 주제를 다루면서도 유기적으로 연결되며, 또한 각 장은 핵심적 이슈에 대한 답을 찾는 탐구의 과정이다. 독자들이 단계적으로 깊이 있는 지식을 쌓을 수 있을 것으로 기대된다.

1부. 기본 원리의 이해(1~3장)

오디오 포렌식을 이해하기 위해 디지털 오디오의 개념과 원리는 필수적이다. 1부에서는 오디오 포렌식을 학습하는 데 필수적인 디지털 오디오 원리, 파일 포맷, 메타데이터의 기초를 다룬다.

1장. '오디오 파일의 위변조 가능성'에서는 소리가 디지털 데이터로 변환되는 원리부터 압축 과정의 특징을 살펴보고, 이러한 과정에서 위변조가 시도될 수 있는 기술적 취약점을 논한다. 또한 딥페이크 음성 합성 기술의 현재의 위치를 이해하고 그 위협과 이에 대한 현재의 대응 방안을 살펴본다.

2장. '디지털 오디오 포맷, 파일 구조, 메타데이터의 이해'에서는 대표적인 오디오 파일 포맷인 M4A와 WAV에 대한 구조, 특성 등을 이해하고 WAV와 M4A의 형식의 차이에 따른 오디오 포렌식에서의 활용에 대해 알아본다. 또한 메타데이터의 조작 가능성을 알아보고 메타데이터 및 파일 구조 분석과 한계를 명확히 짚어본다.

3장. '디지털 오디오 위변조 탐지를 위한 전통 기술'에서는 파형, 스펙트로그램 등 음향 신호 분석과 전력망 주파수(Electric Network Frequency, ENF), 재인코딩 등 신호 처리 기반 분석의 원리와 탐지 방법을 학습한다. 이러한 작동 방식을 기반으로 그 한계를 다룬다.

2부. 오디오 포렌식의 한계와 전환(4, 5장)

1부의 기본 원리를 바탕으로 전통 기법의 한계를 짚고, AI라는 새로운 접근법으로 이어진다.

4장. '디지털 오디오 위변조 유형과 검출 절차'에서는 1부에서 학습했던 파편화된 위변조 기법을 하나로 모으고 컨테이너 기반 위변조(container-based forgery)와 콘텐츠 기반 위변조(content-based forgery)로 유형화한다. 또한 오디오 포렌식을 위한 국제 실무 지침에 기반으로 구축된 절차를 학습한다. 이러한 절차를 기반으로 '정교한 위변조는 검출이 어렵다'는 한계를 명확히 짚어본다.

5장. 'AI 기반 오디오 위변조 탐지 기술'에서는 대표적인 위변조 탐지를 위한 딥러닝 모델로 합성곱 신경망(Convolutional Neural Network, CNN) 모델, 장기 메모리(Long Short-Term Memory, LSTM) 모델, 그리고 CNN과 LSTM을 결합한 하이브리드(hybrid) 모델의 원리에 대해서 학습한다. 이러한 모델을 학습하기 위한 전처리로 스펙트로그램의 종류 및 장단점을 논한다. 위변조 탐지는 참과 거짓을 가리는 이진 분류다. 이를 위한 다양한 성능평가 방법에 대해 탐색한다. 또한 현재 연구용으로 개발된 위변조 탐지 모델의 성능을 위변조 유형별로 살펴본다.

3부. AI 오디오 포렌식의 구현(6, 7장)

3부는 2부의 이론을 실제 기술로 구현하는 과정을 다룬다. 이 책의 핵심적인 부분으로 저자의 독창적인 연구 결과를 기반으로 서술된다. 즉, 저자의 연구실(숭실대학교 AI Design Lab)에서 직접 수행한 세계 최초의 스마트폰 오디오 데이터세트를 기반으로, 실제 포렌식 현장의 문제를 해결하기 위해 개발한 두 가지 AI 모델의 설계, 성능, 한계를 상세히 분석한 결과를 담았다.

6장. '오디오 포렌식을 위한 데이터세트 구축과 처리'에서는 AI 포렌식 모델 개발의 핵심인 데이터세트를 직접 구축하는 과정을 다룬다. 일반적으로 위변조 탐지에 많이 사용되는 공개 데이터세트들을 소개하고 한계를 논한다. 이러한 데이터세트와 차별화된, 실전에 활용 가능한 두 종류의 위변조 탐지용 데이터세트(컨테이너 기반과 콘텐츠 기반)을 소개하고 설계 및 수집, 정제와 같은 구축 과정을 구체적으로 다룬다.

7장. '오디오 포렌식을 위한 AI 모델'에서는 구축한 데이터세트를 가지고 개발한 두 가지 AI 모델의 구축 방법 및 성능을 나타낸다. 또한 현재 연구 중인 AI 창작 음악과 인간 작곡 음악 식별 모델의 개발 과정을 살펴본다.

4부. 사회적 적용과 미래(8~10장)

기술은 사회 속에서 법적, 윤리적 기준을 충족시켰을 때 완성된다. 4부에서는 AI 오디오 포렌식 기술을 우리 사회에 책임감 있게 적용하기 위한 방안을 모색하고 미래의 비전을 다룬다.

8장. '법정 증거로서의 오디오 파일과 AI의 역할'에서는 AI 분석 결과를 법정 증거로 활용하기 위한 법적 요건에 대해 심도 있게 분석하고 관련 국제 표준화와 정책적 대응을 다룬다.

9장. 'AI 오디오 포렌식 기술의 한계와 윤리적 이슈'에서는 AI 오디오 포렌식이 가진 기술적, 법적 한계를 논한다. 또한 AI 분석 결과의 신뢰도를 높이기 위한 과학적 투명성 확보 방안을 제안한다.

10장. 'AI 오디오 포렌식의 미래'에서는 오디오를 넘어 영상, 텍스트 등 여러 데이터를 복합적으로 분석하는 멀티모달(multimodal) 포렌식과, 사후 분석에서 실시간 예방으로 나아가는 음성 보안의 개념을 소개하며 이 분야의 미래 비전을 제안한다.

이 책에서 논의된 AI 오디오 포렌식 기술은, 단순히 위변조를 가려내는 것을 넘어 실시간 탐지와 음성 보안이라는 사전 예방의 영역으로 나아가고 있다. 기술이 범죄를 예방하고 사법 정의를 실현하며, 궁극적으로는 누구나 안심하고 소통할 수 있는 '신뢰할 수 있는 소리 환경'을 구축하는 데 기여하는 것이 이 연구의 최종 목표다. 이 책이 그 목표를 향한 작은 공헌이 되어, 미래에 우리 사회가 더 진정성 있고 더 투명한 사회로의 작은 진전이 있기를 희망한다.

감사의 글

이 책의 핵심적인 연구 내용을 함께 만들어 간 숭실대학교 AI Design Lab의 손영민, 조정일, 손호민, 백성원, 한상민 연구원을 비롯한 모든 연구원에게 깊은 감사를 표한다. 만약 그들의 연구에 대한 열정과 노력이 없었다면, 이 책은 출판되지 못했을 것이다. 이 외에도 책이 나오기까지 보이지 않는 곳에서 도움을 주신 모든 분들과, 언제나 가장 큰 힘이 되어주는 가족, 특히 나의 사랑스러운 아들 준하에게 이 책을 바친다.

참고문헌

강혜린(2025.6.2). "국내 통신3사, AI동원 '보이스피싱' 예방에 팔걷어 붙여". 오피니언뉴스. https://www.opinionnews.co.kr/news/articleView.html?idxno=118359

공공데이터포털. "경찰청_보이스피싱 월별 현황". https://www.data.go.kr/data/15099013/fileData.do?recommendDataYn=Y

구교형(2020.4.1.). "'들리시죠, 기계음 아닌 나만의 목소리' … AI로 청각장애인 목소리 복원". 경향신문. https://www.khan.co.kr/article/202004012036015

김민정(2024.1.23). "'경선 투표 말라' 바이든 가짜 전화… 선거판 흔드는 딥페이크". 중앙일보. https://www.joongang.co.kr/article/25223972

대법원(2014.5.16). "2013도16404 판결".

박소정(2019.3.5). "ALS협회 'Project Revoice', 2018 크리에이티브 데이터&소셜 인플루언서 골드". 브랜드브리프. https://www.brandbrief.co.kr/news/articleView.html?idxno=1668

송유진·김기범(2022). "어플리케이션의 음성녹음 파일에 대한 위변조 탐지 연구". 《디지털포렌식연구》, 16(3), 65~76쪽.

이소미(2024.9.11). "내 목소리 빼앗는 '딥보이스 피싱' 주의보". 보안뉴스. https://www.boannews.com/media/view.asp?idx=132751

한귀영(2024.1.8). "76개국 슈퍼 선거의 해… '딥페이크' 민주주의에 치명상 입힐라". 한겨레신문. https://www.hani.co.kr/arti/economy/it/1123368.html

Steinbuch, Y.(2018.3.16). Listen to JFK speak from beyond the

grave. New York Post.
https://nypost.com/2018/03/16/jfks-voice-delivers-speech-he-never-gave-day-of-assassination/

01
오디오 파일의 위변조 가능성

오늘날 누구나 쉽게 오디오를 편집할 수 있게 되면서, 녹음된 내용이 원본이라는 보장은 사라졌다. 특히, AI를 이용한 음성 합성은 진짜와 가짜를 구분하기 어려운 수준에 이르러 심각한 사회적 위협이 되고 있다. 이 장에서는 디지털 오디오의 기본 원리를 살펴보고, 전통적 위변조 기법과 최근의 딥페이크 음성 합성 기술이 어떻게 진실을 왜곡하는지 알아본다.

기후 위기와 인공지능?

디지털 오디오의 이해

우리가 듣는 목소리나 음악, 그리고 주변의 소리는 공기의 압력이 진동하면서, 즉 수축과 팽창이 반복하면서 생성되는 파형이다. 이러한 파형의 크기는 소리의 크기와 관련되며, 반면 파형의 진동 횟수는 소리의 높낮이를 결정하게 된다. 1초 동안 발생하는 공기의 진동을 주파수라고 하며 단위로 Hz(Hertz, 헤르츠)를 사용한다. 인간은 세상의 모든 소리를 다 들을 수 있는 것은 아니다. 일반적으로 대략 20Hz～2만Hz의 주파수만을 들을 수 있고(가청 주파수), 이러한 주파수의 차이를 이용해 여성의 목소리와 남성의 목소리를 구분할 수 있다.

이러한 소리를 숫자로 기록하는 방식이 디지털 오디오다. 컴퓨터와 스마트폰 같은 디지털 기기는 오직 0과 1의 이진수로만 정보를 처리한다. 그래서 연속적인 파형을 일정한 규칙에 따라 잘게 나누어 그 순간순간의 크기를 숫자로 기록하고, 이 숫자들을 0과 1의 조합인 디지털 신호로 변환하여 저장, 처리, 재생을 할 수 있도록 디지털 오디오 파일이 만들어진다. 일반적으로 소리를 숫자로 바꾸는 과정은 표본화(또는 샘플링, sampling), 양자화(quantization), 부호화(encoding)라는 3단계를 거친다. 이 과정의 핵심은 시간(가로축, X축)과 크기(세로축,

Y축)라는 두 축을 다루는 일이다. 아날로그의 소리를 디지털로 완벽하게 변환하는 데에는 한계가 있기 때문에, 시간 축에서는 소리를 초당 여러 번 측정하여 샘플을 만드는 과정을 수행한다. 이때 1초에 몇 번을 측정하는지를 샘플링 레이트(sampling rate)라고 부르며, 초당 횟수를 의미하므로 주파수와 마찬가지로 Hz(헤르츠)를 단위로 사용한다. 다만, 샘플링 레이트는 신호의 주파수가 아니라 측정 빈도를 나타낸다는 점에서 물리적 의미가 다르다. 예를 들어, 음악 CD는 1초에 4만4100번을 측정하는 4만4100Hz의 샘플링 레이트를 사용한다.

그렇다면 왜 4만4100번을 측정하는가? 해리 나이퀴스트(Harry Nyquist)는 그의 논문 "Certain Factors Affecting Telegraph Speed"(Nyquist, 1924)에서 채널 용량과 샘플링 개념을 정립했고, 이후 클로드 섀넌(Claude Shannon)이 발전시켜 수학적으로 확립했다(Shannon, 1948). 이를 나이퀴스트-섀넌 표본화 정리(Nyquist-Shannon sampling theorem)라고 한다. 이 이론에 따르면, 아날로그 신호를 정확히 디지털화하려면 샘플링 주파수가 원래 신호의 최대 주파수보다 최소 두 배 이상이어야 한다. 사람이 들을 수 있는 가장 높은 음보다 2배 이상으로 측정하는 것이 안전하다. 즉, 인간의 가청 주파수가 최대 약 20kHz이기 때문에 40kHz 이상으로 샘플링 레이트를 설정해야 하며, 44.1kHz처럼 약간 더 높게 설정하면 더 안정적으로 소리를 복원할 수 있다. 만약 이 조건이 충족되지 않으면 에일리어싱(aliasing)이 발생하게 된다. 이 에일리어싱은 고주파 성분이 샘플링 대역 안으로 접혀 들어와 낮은 주파수로 오인되는 현상으로, 왜곡을 유발한다(Lyons, 2011).

다음으로 양자화 과정을 거친다. 아날로그 소리 파형은 무수히 많은 연속적인 진폭 값을 가진다. 하지만 컴퓨터는 무수히 많은 값을 저장할 수 없으므로 세로축을 일정한 눈금으로 나누어 가장 가까운 값으로 반올림해서 담게 된다. Y축 값을 단계화하는 과정을 양자화라 한다. 또한 몇 개의 단계로 나눌 것인가를 결정하는 것을 비트 심도(bit depth)라고 한다. 16비트라면 2의 16제곱 6만 5536개의 단계 중 하나의 값을 가지게 된다. 단계가 촘촘할수록 작은 소리의 미묘한 차이까지 더 부드럽게 표현할 수 있다. 단계가 촘촘하지 않으면, 반올림에서 생기는 작은 잡음이 상대적으로 커져 소리가 거칠어지게 된다. 샘플링 레이트가 높을수록, 비트 심도가 높을수록 소리의 해상도가 높아지는 특성을 지닌다.

마지막으로 이렇게 얻은 양자화된 값을 0과 1의 이진

수로 바꾸어 저장하는 과정인 부호화를 거치면 디지털 오디오가 완성된다. 완성된 디지털 오디오는 여러 모양의 그릇에 담길 수 있다. 소리 데이터를 담는 방식이 다르면 파일 확장자가 달라진다. 대부분의 경우 원본 소리를 그대로 보존하는 무손실 포맷으로 WAV나 FLAC 같은 포맷이 있고, 용량을 줄이기 위해 사람의 귀가 잘 알아채기 어려운 부분을 덜어내는 방식에는 MP3나 AAC(Advanced Audio Coding) 같은 포맷이 있다. 이러한 MP3나 AAC 같은 포맷을 손실 압축(lossy compression)이라 한다. 전송과 보관에 유리하지만 한 번 덜어낸 정보는 다시 채워 넣을 수 없다는 특성을 지닌다.

디지털 오디오의 가장 큰 장점은 안정성과 편의성이다. 디지털은 숫자만 정확하면 내용이 변화하지 않으며, 다양한 저장 장치에 복제가 가능하다. 또한 편집이 용이하다. 특정 구간을 정확히 잘라 붙이거나 삭제할 수 있으며, 음량을 조절할 수 있으며, 소음을 줄이거나, 효과를 추가하는 일은 오늘날 손쉬운 일이다. 더욱이 디지털 오디오는 단순한 소리 파일이 아니다. 생성의 모든 과정을 담고 있는 디지털 기록물이다. 파일 자체에는 생성 시간이나 방식 같은 정보가 남는다. 하지만 이러한 편집 과정과 저장된 정보는 포렌식 전문가들에게는 위변조 흔적을 찾는 중요한 단서가 되기도 한다. 예를 들어 서로 다른 시점의 녹음을 이어 붙이면 배경 소음이 미세하게 달라지고, 과도하게 음량을 키우다 보면 파형의 꼭대기나 밑부분이 잘려나가는 클리핑(clipping) 현상이 발생하기도 한다. 또한 다시 인코딩하면 재압축 과정에서 규칙적인 잡음 패턴이 나타나기도 한다.

오디오 포렌식(audio forensics)은 동일해야 할 요소가 다르게 나타나는 부분을 찾아내는 것에서 시작한다. 즉, 디지털 오디오가 남긴 숫자들의 궤적을 정직하게 읽어 내기 위해서는 그 숫자들이 어떤 과정을 거쳐 만들어졌는지를 차분히 이해하는 일이 선행되어야 한다. 디지털 오디오의 원리 및 구조를 이해하는 일은 위변조의 가능성을 객관적으로 검토하고 진실에 다가가는 가장 기초적인 첫걸음이 될 것이다.

디지털 오디오 위변조 기법

일반적으로 오디오 파일의 위변조 과정은 '녹음 및 합성', '편집', '재인코딩(re-encoding) 및 메타데이터(metadata) 조작'의 단계로 나누어질 수 있다. 녹음 및 합성 단계는 원본 녹음 파일 및 딥페이크 음성으로 생성된 파일이 될 수 있다. 편집 단계는 어떤 기법을 사용하는지에 따라 크게 두 가지 기법으로 구분된다. 이는 서로 다른 녹음 파일을 합치는 기법과, 하나의 파일 안에서 음성 순서를 바꾸는 기법으로 나뉜다. 두 개 이상의 녹음 파일을 합쳐서 편집하는 기법을 스플라이싱(splicing)이라 칭하고, 하나의 파일 내에서 음성 순서를 바꾸는 기법을 카피-무브(copy-move)라고 한다(Ustubioglu et al., 2023). 스플라이싱 기법은 스마트폰의 마이크로폰, 외부 환경 등 서로 다른 환경에서 녹음된 파일들을 결합하므로, 검출에 이용할 수 있는 정보의 양이 다양하기 때문에 일반적으로 카피-무브보다 검출이 용이하다(Imran et al., 2017).

이러한 편집을 더욱 정교하게 만드는 것이 바로 최신 편집 도구들이다. 어도비 오디션(Adobe Audition)과 같은 고급 음성 편집 소프트웨어들은 스펙트로그램(spectrogram, 시간에 따른 신호의 주파수 변화를 시각적으로 나타내는 그래픽 표현)을 활용한 편집을 지원한다. 스펙트로그램을 활용한 편집 방식 덕분에, 오디오 편집은 이미지처럼 정교해졌다. 과거의 카피-무브나 스플라이싱은 파일의 전체 길이를 바꾸는 경우가 많았지만, 이제 전문 오디오 소프트웨어는 파일 길이에 변화를 주지 않고도 소리를 다른 소리 위에 겹치거나, 빈 공간에 자연스럽게 삽입하는 고급 편집이 가능하다.

마지막 조작 단계는 이 모든 편집 흔적을 숨기는 과정이다. 이는 재인코딩(이미 인코딩된 데이터를 다시 인코딩하는 과정으로, 편집 후 다른 코덱이나 설정으로 변환할 때 발생함)을 통해 파일 구조를 원본처럼 위장하고, 메타데이터를 임의로 수정하여 이루어진다. 최근 스마트폰 녹음 앱들이 편집 기능을 포함하면서 비전문가도 편집 후 재인코딩을 통해 원본 녹음 파일의 구조와 메타데이터를 조작할 수 있게 되었다(박재완 외, 2022). 따라서 오디오 포렌식에서 중요했던 객관적 단서인 파일 구조와 메타데이터는 이제 더 이상 신뢰할 수 없는 정보가 되었다.

딥페이크 음성 합성 기술의 위협

현대의 음성 합성 기술은 파형의 통계적 규칙과 화자의 음색, 포먼트(formant, 사람의 목소리에서 특별히 강하게 울리는 주파수 대역), 운율, 호흡 간격 등의 개별적 특성을 대규모 데이터에서 학습하여 거의 실시간으로 재현한다. 2016년 딥마인드의 WaveNet(Oord, 2016)이 원시 파형 수준에서 자연스러운 음성을 생성함으로써 음성 합성의 품질을 한 차원 끌어올렸다. 이후 등장한

VALL-E(Chen, 2025)는 음성 코덱(codec, 코더-디코더'의 줄임말로, 오디오를 압축하고 다시 풀 수 있게 해 주는 기술) 토큰을 언어 모델 방식으로 예측하는 접근을 통해, 3초 이내의 짧은 샘플의 입력만으로도 화자의 음색, 감정, 심지어 주변 음향 환경까지 재현하는 기술적 경지를 달성했다. 한국어를 포함한 다국어 합성을 지원하는 VITS(Kim et al., 2021) 및 YourTTS(Casanova et al., 2022) 계열은 오픈소스 기반으로 보급되어, 일반 사용자도 웹 기반 서비스를 통해 고품질 음성 복제를 손쉽게 수행할 수 있는 환경을 만들었다. 이러한 기술 발전은 음성 합성의 접근성과 정밀성을 동시에 높였으며, AI 기반 음성 생성이 전문가 영역을 넘어 대중화된 계기가 되었다.

AI 음성 합성 기술의 발전은 중대한 사회적 위협을 낳고 있다. 2019년에는 한 기업 임원이 상사의 독일 억양과 말투까지 완벽히 재현한 AI 딥페이크 음성에 22만 유로(약 3억 원)를 송금한 사건이 발생했다(Stupp, 2019. 8.30). 또한 2024년에는 미국 대통령의 목소리를 위조한 딥페이크 로보콜(robocall)이 유권자들에게 오늘 투표하지 말라는 메시지를 자동으로 발송하여 투표를 방해했다(Seitz-Wald & Memoli, 2024.1.22). 이 사건을 계기로 연방통신위원회(Federal Communications Commission)

는 2024년에 AI 합성 음성을 이용한 로보콜을 불법으로 규정했다(Swenson, 2024.2.9). 현재 딥페이크 음성이 금융사기, 정치적 여론 조작, 선거 질서 교란 등에서 악용되어 이미 실질적인 위협으로 작동하고 있다.

이에 반해 딥페이크 음성 탐지 기술도 꾸준히 발전해 왔다. 자동 화자 검증(Automatic Speaker Verification, ASV) 시스템을 노리는 음성 스푸핑(spoofing) 공격과 그 대응 기술을 위해 만들어진 ASVspoof 챌린지 시리즈(Liu et al., 2021)는 합성 음성, 재생 공격, 변조 공격 등을 체계적으로 평가하는 공개 벤치마크(benchmark)로 자리 잡았다. 탐지 모델들은 스펙트로그램 상의 미세한 패턴, 위상 불연속성, 잔향 특성, 발성 리듬의 어색함 등을 학습하여, 전체가 가짜인 음성을 점점 더 정확하게 식별하고 있다. 그러나 이들 벤치마크는 스스로도 한계를 인정한다. 실제 환경의 잡음, 채널 왜곡, 코덱 압축, 그리고 새로운 합성 기법이 등장하면, 훈련 데이터와 분포가 다른 분포 외(out-of-distribution, OOD) 상황에서 성능이 급격히 저하된다(Müller et al., 2024). 이러한 탐지 기술의 또 다른 핵심적인 취약점은 바로 부분 위조(partial deepfake, 원본 음성의 일부만을 AI 생성 음성으로 교체하는 조작)에 있다. 2022년부터는 이 문제를 독립된 과제로 설정한 연구 챌린지가 시작되었으며, 2023년에는 삽입된 구간의 정확한 위치 탐지(localization)를 평가하는 트랙이 추가됐다(Yi et al., 2023).

실제 오디오 위변조는 파일 전체를 바꾸기보다 원본의 일부만 교체하는 '부분 위조' 방식이 대부분이다. 예를 들어, 3분짜리 원본 통화 녹음에서 '그 계약은 승인하지 않겠습니다'라는 2~3초 구간을 삭제하고, AI로 만든 '그 계약 승인하겠습니다'를 삽입하는 방식이다. 이러한 조작은 어도비 오디션의 혼합 붙여넣기(Mixed Paste) 기능을 통해 쉽게 편집될 수 있다. 이후 재인코딩 과정을 거치면, 스펙트로그램 위에 나타나는 미세한 편집 흔적마저 더욱 흐려진다. 이로 인해 기존의 전역 분류(global classification, 분석 대상 전체를 하나의 단위로 보고 종합적인 특징을 바탕으로 단 하나의 결론을 내리는 방식) 기반 탐지기는 통계적으로 우세한 정상 음성의 특징에 묻혀 소수의 위조 구간을 놓치고 전체를 정상으로 오판하기 쉽다. 합성 여부 탐지와 편집 탐지는 본질적으로 다른 문제다. 편집 탐지의 경우 편집된 부분의 경계 탐지(boundary detection)라는 국소적(local) 과제가 핵심이 된다.

최근 이러한 문제는 데이터세트(dataset)와 연구 주제로 구체화되고 있다. 일본 NII의 Yamagishi 연구진이 구축한 PartialSpoof와 같은 부분 위변조(partial, segment-level) 데이터세트는 원본과 삽입 형태의 혼성 오디오를 대량 생성하여, 국소 조작 탐지와 위치 특정화(localization)를 정면 과제로 설정하고 있다(Zhang et al., 2022). 이러한 노력은 진짜와 가짜가 혼재된 오디오가 주류가 될 현실을 반영한다. 전체 합성 음성은 점점 더 잘 잡히겠지만, 짧은 명령 구절이나 승인 키워드와 같은 부분 합성 음성은 여전히 탐지 회피의 최전선에 있다.

참고문헌

박재완 외(2022). "스마트폰 음성녹음 파일 구조 및 메타데이터의 위변조 기법에 관한 연구". 《문화기술의 융합》, 8(6), 807~812쪽.

Casanova, E. et al.(2022). YourTTS: Towards zero-shot multi-speaker TTS and zero-shot voice conversion for everyone. *Proceedings of the International Conference on Machine Learning*, pp.2709~2720.

Chen, S. et al.(2025). Neural codec language models are zero-shot text to speech synthesizers. *IEEE Transactions on Audio, Speech and Language Processing, 33*, pp.705~718.

Imran, M. et al.(2017). Blind detection of copy-move forgery in digital audio forensics. *IEEE Access, 5*, pp.12843~12855.

Kim, J. et al.(2021). Conditional variational autoencoder with adversarial learning for end-to-end text-to-speech. *Proceedings of the International Conference on Machine Learning*, pp.5530~5540.

Liu, X. et al.(2023). ASVspoof 2021: Towards spoofed and deepfake speech detection in the wild. *IEEE/ACM Transactions on Audio, Speech, and Language Processing, 31*, pp.2507~2522.

Lyons, R. G.(2011). *Understanding Digital Signal Processing*. Pearson.

Müller, N. M. et al.(2024). Harder or different? Understanding generalization of audio deepfake detection. arXiv preprint. https://doi.org/10.48550/arXiv.2406.03512

Nyquist, H.(1924). Certain factors affecting telegraph speed. *The Bell System Technical Journal, 3*(4), pp.324~346.

Oord, A. V. D. et al.(2016). Wavenet: A generative model for raw audio. arXiv preprint. https://doi.org/10.48550/arXiv.1609.03499

Seitz-Wald, A. & Memoli, M.(2024.1.22). Fake Joe Biden robocall tells New Hampshire Democrats not to vote Tuesday. NBC News. https://www.nbcnews.com/politics/2024-election/fake-joe-biden-robocall-tells-new-hampshire-democrats-not-vote-tuesday-rcna134984

Shannon, C.E.(1948). A mathematical theory of communication. *The Bell System Technical Journal, 27*(3), pp.379~423.

Stupp, C.(2019.8.30). Fraudsters used AI to mimic CEO's voice in unusual cybercrime case. The Wall Street Journal. https://www.wsj.com/articles/fraudsters-use-ai-to-mimic-ceos-voice-in-unusual-cybercrime-case-11567157402

Swenson, A.(2024.2.9). AI-generated voices in robocalls can deceive voters. The FCC just made them illegal. Associated Press. https://apnews.com/article/fcc-elections-artificial-intelligence-robocalls-regulations-a8292b1371b3764916461f60660b93e6

Ustubioglu, B. et al.(2023). Detection of audio copy-move-forgery with novel feature matching on Mel spectrogram. *Expert Systems with Applications, 213*, 118963.

Yi, J. et al.(2023). ADD 2023: The second audio deepfake detection challenge. arXiv preprint. https://doi.org/10.48550/arXiv.2305.13774

Zhang, L. et al.(2022). The PartialSpoof database and countermeasures for the detection of short fake speech segments embedded in an utterance. *IEEE/ACM Transactions on Audio, Speech, and Language Processing, 31*, pp.813~825.

02
디지털 오디오 포맷, 파일 구조, 메타데이터의 이해

오디오 파일의 진위를 가리는 첫걸음은 단순히 청취를 넘어, 파일이 담고 있는 구조와 형식, 그리고 메타데이터를 읽는 것에서 시작된다. 파일이 어떤 포맷으로 되어 있고, 그 내부는 어떻게 구성되어 있으며, 어떤 메타데이터를 지니고 있는지를 알아야 위변조의 흔적을 찾을 수 있다. 하지만 이러한 단서들은 더 이상 결정적 증거가 될 수 없다.

노래하는 AI 보컬?

오디오 파일 포맷: M4A와 WAV

디지털 오디오 파일은 소리 데이터 외에 녹음 기기나, 재생 시간, 코덱 정보와 같은 부가 정보가 함께 포함된다. 오디오 포렌식에서는 파일의 구조와 형식을 이해하는 것이 매우 중요하다. 어떤 형식으로 저장되었는지에 따라 위변조 흔적을 찾는 분석 방법과 탐지 가능성이 달라지기 때문이다. 디지털 오디오 포맷 중 스마트폰에서 가장 널리 쓰이는 파일은 M4A(MPEG-4 Audio)이며 연구 분야에서는 WAV(Waveform Audio File Format)가 주로 사용된다. 두 오디오 파일은 구조와 용도에서 명백한 차이를 보인다.

M4A: 스마트폰 오디오 포맷

M4A는 애플(Apple)과 스마트폰 생태계에서 널리 활용되는 오디오 전용 파일 포맷이다. 이 형식은 사실상 MP4라는 멀티미디어 컨테이너(container)의 오디오 전용 버전이다. 내부는 '박스(box)' 또는 '아톰(atom)'이라고 불리는 단위 구조로 이루어져 있다. 즉, 하나의 파일을 여러 개의 박스에 나누어 담아놓은 구조다. 어떤 박스에는 파일의 유형 정보가, 또 다른 박스에는 재생 시간이나 코덱 정보가, 그리고 또 다른 박스에는 실제 소리 데이터가

들어 있다. 음악 플레이어나 스마트폰 녹음 앱은 이 상자들을 차례차례 읽으면서 소리를 재생하게 된다.

박스들은 크게 ftyp(File Type Box), moov(Movie Box), mdat(Media Data Box), meta(Metadata)로 구성되며, 각 박스들은 하위 박스를 갖는 계층적 트리(hierarchical tree) 구조로 이루어져 있다. ftyp 박스는 MPEG-4 오디오라고 선언하는 역할을 한다. moov 박스는 전체 파일의 메타데이터에 해당하며, 녹음 길이, 샘플링 주파수, 채널 수와 같은 재생을 위한 필수 정보를 저장하고 있다. mdat 박스에는 실제 음성 신호가 압축된 형태로 저장된다. 여기에 더해 meta 박스에는 녹음 날짜, 기기 모델, 앨범 아트와 같은 부가 정보가 들어가 있다.

M4A는 일반적으로 AAC라는 손실 압축 코덱을 사용한다. AAC는 MP3보다 압축 효율이 높아, 동일 비트 레이트에서 더 나은 음질을 제공한다. 경우에 따라서는 애플의 무손실 압축 방식인 ALAC이 쓰이기도 한다. 따라서 스마트폰에서 저장되는 녹음 파일 대부분은 크기는 작으면서도 음질이 우수하며, 메타데이터가 풍부해 사용하기 편리하다. 하지만 녹음 시간, 기기 모델 등의 박스의 정보 및 하위 구조와 위치는 헥스 에디터(hex editor)로 수정이 가능하다.

WAV: 원본을 보존하는 마스터 파일

WAV는 오디오를 가장 원본에 가까운 형태로 저장하는 전통적인 포맷이다. 1990년대 초 마이크로소프트와 IBM이 만든 이 형식은 RIFF(Resource Interchange File Format)라는 틀을 기반으로 한다. WAV 파일도 박스 구조와 비슷하게 여러 덩어리(청크, chunk)로 나누어져 있다. 가장 앞에는 RIFF 헤더가 있어 이 파일이 WAV 포맷임을 선언한다. 이어서 fmt(format) 청크에서는 오디오를 재생하는 데 필요한 정보, 즉 채널 수, 샘플링 속도, 비트 심도 같은 속성이 기록된다. 마지막으로 data 청크에서는 실제 소리 데이터의 압축 없이 PCM(Pulse Code Modulation, 소리의 파형을 시간 순서대로 샘플링한 값)으로 그대로 저장된다. 이에 WAV는 비압축 형식으로 원본 신호가 그대로 저장된 형식이다. 따라서 마이크로폰이 수집한 신호가 가장 원본에 가까운 형태로 담겨 있다. 이 때문에 WAV는 흔히 마스터 파일(master file)이라 불린다. 편집이나 압축 과정에서 정보 손실이 발생하지 않는다는 장점을 지니지만 압축을 하지 않기 때문에 파일 크기가 매우 커진다는 단점이 있다. 1분짜리 스테레오 녹음만 해도 10MB 이상을 차지할 수 있다.

WAV는 연구의 마스터, M4A는 법정의 현실

AI 오디오 포렌식 연구의 첫걸음은 데이터 형식의 차이를 이해하는 것이다. 연구 분야에서는 원본 신호가 그대로 보존된 무손실 WAV 파일을 표준으로 사용한다. 이는 편집이나 합성으로 생긴 순수한 흔적을 분석하는 데 이상적이기 때문이다. 하지만 법정에 제출되는 실제 증거는 대부분 스마트폰에서 녹음된 M4A 파일이다. 이 파일은 저장 용량을 줄이기 위해 일부 데이터가 제거된 손실 압축 형식이므로, 감정가는 이미 한차례 정보가 손실된 데이터를 마주하게 된다.

이 점에서 연구와 실무 사이의 간극이 드러난다. WAV 데이터로 훈련된 AI 모델은 현실의 증거 파일을 분석하는 데 한계를 보일 수 있다. 예를 들어, 스마트폰 녹음 파일이 편집된 뒤 다시 M4A로 저장되면 편집 흔적뿐 아니라 이중 압축(double compression)에서 발생하는 특유의 아티팩트(artifact, 원래 소리에는 없던 잡음이나 왜곡)도 함께 남는다. 이때 중요한 것은 압축 특성과 편집 특성이 어떻게 겹쳐 나타나는지를 파악하는 일이다. 따라서 연구자는 이원화 전략을 병행해야 한다. 첫째는 WAV 데이터를 통해 위변조 근원 원리를 탐구하는 것이다. 둘째는 이렇게 탐구한 지식을 토대로 실제 환경을 반영한 M4A 데이터를 분석하는 것이다. 즉, 연구의 출발점은 WAV이지만, 검증과 실무의 종착점은 반드시 M4A여야 한다. WAV는 연구의 마스터 데이터로서 순수한 편집 흔적을 탐지하는 데 유용하고, M4A는 현실에서 증거로 제출되는 형태이므로 법정 신뢰성을 확보하는 데 필수적이다.

메타데이터의 조작 가능성

디지털 오디오 파일은 단순히 소리를 압축하여 저장하는 것에 그치지 않고, 인코딩 과정에서 반드시 함께 기록되는 정보들이 존재한다. 이를 메타데이터라고 부른다. 메타데이터는 오디오 신호 데이터와는 달리, 그 데이터가 어떤 방식으로, 어떤 도구를 통해, 언제 만들어졌는지를 알려주는 부가적 정보다. 즉, 인코딩은 데이터를 변환하는 동시에 새로운 흔적을 남기는 과정이다.

인코딩 과정은 원본 소리와는 별개로, 파일의 기술적 사양을 알려주는 다양한 메타데이터를 생성한다. 예를 들어, 압축에 사용된 코덱(AAC, MP3 등)이나 음질 정보(비트 레이트, 샘플링 레이트)가 기록된다. 또한 오디오가 모노인지 스테레오인지와 같은 채널 구성 정보도 메타데이터를 통해 즉시 확인할 수 있다. 마지막으로, 파일의 총 재생 시간이나 재생을 제어하는 타임스탬프(timestamp) 같은 시간 정보 역시 인코딩 시점에 새롭게 부여된다.

여기에서 우리는 메타데이터를 불변 요소와 가변 요소로 분리하여 생각할 수 있다. 오디오 파일 메타데이터의 불변 요소와 가변 요소를 가르는 가장 중요한 기준은 재인코딩의 필요성이다. 가변 요소는 재인코딩이 없어도 수정할 수 있는 값들이다. 파일 이름, 제목, 아티스트와 같은 태그 정보(ID3 태그나 MP4 태그), 파일 생성일, 접근일 같은 파일 시스템 속성은 전용 툴이나 운영 체제의 속성 편집 기능만으로도 쉽게 바꿀 수 있다. 이처럼 재인코딩을 거치지 않고도 값이 변할 수 있는 항목은 모두 가변 요소로 분류된다.

반면 불변 요소는 단순 편집으로는 변경될 수 없고, 파일을 다시 인코딩해야만 달라지는 항목을 뜻한다. 예를 들어 비트 레이트, 샘플링 레이트, 채널 구성, 코덱 종류 등과 같은 값은 재인코딩을 수행하지 않는 한 바뀌지 않는다. 원본이 44.1kHz, 128kbps, AAC-LC로 기록됐다면, 이를 48kHz, 256kbps, HE-AAC로 바꾸기 위해서는 반드시 새로운 인코딩 과정을 거쳐야 한다. 단순히 메타데이터 편집기로는 해당 값들을 조작할 수 없으며, 오직 신호 자체를 다시 압축과 부호화하는 과정이 필요하다. 따라서 이러한 항목이 바로 불변 요소로 분류된다.

오디오 포렌식 분석에서는 이 구분이 매우 중요하다. 가변 요소는 참고 정도로 활용된다. 반면 불변 요소는 재인코딩 없이는 바꿀 수 없으므로, 해당 값이 변했다는 사실 자체가 재처리 흔적을 강하게 시사한다. 예를 들어 동일한 아이폰(iPhone)에서 생성된 오디오 파일이라면 인코더 정보와 코덱 설정은 일관되어야 하는데, 만약 이 값이 다른 형식으로 바뀌어 있다면, 그것은 파일 전체가 재인코딩 과정을 거쳤음을 의미한다. 이처럼 원래 바뀌지 않아야 할 속성에서 변화가 감지되면, 위변조된 것으로 판단한다.

스마트폰이 처음 등장했을 때, 오디오 파일의 메타데이터는 비교적 신뢰할 수 있는 근거로 받아들여졌다. 아이폰이나 갤럭시에서 녹음된 음성 파일은 기기 고유의 인코더 흔적을 남기기 때문에, 이를 단순히 태그 편집이나 파일 이름 변경만으로는 바꿀 수 없었다. 비트 레이트, 샘플링 레이트, 코덱 종류와 같은 값들은 반드시 재인코딩을 거쳐야만 변할 수 있었고, 이는 곧 위변조의 장벽으로 작용했다. 그러나 최근의 스마트폰은 단순한 녹음 장치가 아니라, 자체적으로 편집 기능을 내장한 멀티미디어 도구로 변모하였다. 아이폰이나 갤럭시의 기본 녹음 앱에서 오디오를 편집하고 저장하면, 새로운 파일로 재인코딩되어 저장된다는 점이다. 예를 들어, 아이폰의 기본 녹음 앱인 음성 메모(Voice Memos)에서 자르고 저장하면 새로운 파일로 다시 압축하여 저장되기 때문에 메타데이터도 함께 갱신된다. 그 결과, 불변 요소라고 여겨졌던 메타데이터조차 스마트폰 자체 기능만으로 쉽게 변경될 수 있게 됐다. 이는 위변조 공격자에게 새로운 기회를 제공한다. 과거에는 전문 지식과 별도의 툴이 필요했던 작업이 이제는 스마트폰 기본 기능만으로 가능해졌기 때문이다. 이에 오디오 파일의 진위를 판별하는 과정은 오히려 더 어려워졌다.

메타데이터 및 파일 구조 분석과 한계점

오디오 파일의 메타데이터 및 파일 구조는 스마트폰의 모델, 운영 체제 및 버전, 녹음 앱에 따라 달라질 수 있다. 이를 위해 일반적으로 제출된 오디오 파일과 테스트용 오디오 파일과의 비교를 통해 이러한 분석이 진행된다. 따라서 증거로 제출된 오디오 파일과 동일한 모델, 운영 체제, 녹음 앱(옵션 포함)에서 녹음한 비교용 테스트 파일이 필요하다. 증거가 비교용 테스트 파일과 메타데이터와 파일 구조에서 차이가 있을 경우에 위변조 가능성이 있다고 평가할 수 있다. 이 분석 방법은 위변조로 판단되었을 때, 위변조 여부에 대한 높은 확실성을 확보할 수 있다. 하지만 분석 환경의 복잡성이 큰 문제다. 2023년 기준으로 전 세계에 250개에 달하는 스마트폰 브랜드와 셀 수 없이 많은 녹음 앱이 존재하며 (Holwerda, 2023.9.22), 앱마다 녹음 설정도 제각각이다. 이러한 엄청난 다양성에 대응하기 위해서는, 모든 경우의 수를 아우를 수 있는 방대한 데이터베이스를 구축하는 것이 필수적이다.

메타데이터를 심층적으로 분석하기 위해서는 전문 분석 도구를 사용해야 한다. 오픈소스 프로그램인 미디어인포(MediaInfo)가 널리 사용된다. 일반적으로 M4A 파일들은 박스들의 기본 구조는 큰 틀에서 동일하지만, 세부 박스 배치나 포함 여부는 스마트폰의 모델, OS, 녹음 앱에 따라 다르게 나타난다. 이를 위해 데이터 구조 및 구문 분석을 지원하는 MP4 인스펙터(MP4 Inspector) 소프트웨어가 주로 활용된다. 또한 이 소프트웨어는 M4A 파일들 간의 비교에 효과적이다. 더욱이, 파일의 가장 심층적인 데이터를 들여다보려면 헥스 에디터가 필수적이다. 이 도구는 M4A 파일 박스 내부의 내용을 16진수 형태의 원시 데이터(raw data)로 직접 확인하고 편집할 수 있게 해 준다. 이를 통해 파일의 특정 부분이 수정 가능한지 등을 직접 시험해 보는 정밀한 실험이 가능하다.

일부 스마트폰 제조사는 오디오 위변조를 막기 위한 기술을 도입하고 있다. 예를 들어 삼성 갤럭시(Samsung Galaxy) 스마트폰은 원본 파일은 64비트로, 편집본은 32비트로 인코딩하고 저장 경로도 분리하여 둘을 구분한다. 하지만 일부 최신 앱이 삼성 갤럭시 녹음 기능의 64비트 인코더 저장 기능을 편집에도 지원하면서 이 구분법이 무력화되었다(백성원 외, 2023). 결국, 파일 구조의 조작 가능성은 여전히 남아 있다.

참고문헌

백성원 외(2023). "법적 증거 능력을 위한 오디오 파일의 메타데이터 및 파일 구조 분석의 한계: 삼성 스마트폰을 중심으로". 《문화기술의 융합》, 9(6), 1103~1109쪽.

Holwerda, T.(2023.9.22). Nearly 500 brands exited smartphone market during 2017-2023. OSNews. https://www.osnews.com/story/137210/nearly-500-brands-exited-smartphone-market-during-2017-2023/

03
디지털 오디오 위변조 탐지를 위한 전통 기술

전통적인 오디오 포렌식은 '자연스러운 소리는 연속적이고, 조작된 소리는 그 연속성을 깨트린다'는 원리에서 출발하여 편집의 흔적을 찾는다. 이는 파형의 갑작스러운 끊김, 배경 잡음의 변화, 또는 재인코딩 과정에서 남는 수학적 아티팩트와 같은 불일치를 찾아내는 것을 의미한다. 이 장에서는 파형과 스펙트로그램을 이용한 시각적 분석과, 이중 압축 흔적이나 통계적 불일치를 찾아내는 신호 처리 기반 분석 기법을 다룬다.

인공지능과 편향?

음향 신호 분석

우리의 귀는 소리의 내용을 듣지만, 전문가는 소리의 모양을 본다. 그러기 위해서는 들리지 않는 디지털 오디오 파일을 시각화해야 한다. 즉, 눈에 보이지 않는 소리를 그래프나 지도처럼 만들어 분석하는 과정을 음향 신호 분석이라고 한다. 음향 신호 분석은 주로 세 가지 방식인 파형(waveform), 스펙트럼(spectrum), 스펙트로그램(spectrogram)의 형태를 이용한다. 이러한 분석은 편집 구간에서 나타나는 불연속성, 이상치(outlier, 전체 데이터 패턴이나 분포에서 크게 벗어난 값), 노이즈 패턴 변화를 관찰하는 데 목적이 있다.

파형 분석

파형은 시간이 지남에 따라 소리가 얼마나 큰지를 보여주는 그래프다. X축은 시간, Y축은 소리의 크기(진폭)를 나타낸다. 말을 할 때는 위아래로 흔들리는 파도처럼 보이고, 무음 구간은 평평한 직선처럼 나타난다. 자연스러운 대화에서는 파형이 부드럽게 이어지지만 편집된 오디오에서는 이러한 흐름이 끊기는 현상이 발생할 수 있다. 예를 들어, 두 사람의 대화를 잘라서 붙였다면, 두 파형이 만나는 연결 지점에서 작은 틈이나 급격한 변화 등의 미세한 불연속성이 발생할 수 있다. 또한 음향을 너무 세게 키우면 파형의 꼭대기와 바닥이 평평하게 잘려 보이는 클리핑(clipping) 현상이 발생한다. 이 클리핑은 인위적으로 소리를 키웠다는 강력한 증거가 될 수 있다. 결국 파형 분석은 '이 부분에서 소리가 뚝 끊겼는가?', '이 부분에서 갑자기 너무 커졌는가?'라는 질문을 통해 편집 흔적을 찾아내는 작업이다.

스펙트럴 분석

스펙트럴 분석(spectral analysis)은 스펙트럼과 스펙트로그램을 통해 신호의 주파수 성분을 조사하여 편집 의심 영역을 찾는 기법이다. 스펙트럼과 스펙트로그램은 "복잡한 신호는 기본 신호의 합으로 이루어져 있다"라는 원리 하에 이를 분해하고 분석하는 푸리에 분석(Fourier analysis)을 기반으로 한다(박재완, 2024). 이를 위해 시간 도메인 신호를 주파수 도메인으로 변환하는 푸리에 변환(Fourier Transform, FT)을 사용한다. 스펙트럼과 스펙트로그램은 신호를 짧은 시간 간격으로 분할한 각 윈도우(window, 신호의 특정 시간 구간)에 대해 고속 푸리에 변환(Fast Fourier Transform, FFT)을 적용한 결과의 조합으로 만들어진다. 스펙트럼은 주파수(X축)에 따른 에너지(진폭, Y축) 분포를 보여주는 그래프이고, 스펙트로그램은 시간(X축)에 따른 주파수(Y축) 변화를 색상으로 나타낸 시각 자료다. 여기서 주파수의 강도는 색상의 차이로 표현된다.

파형은 소리의 크기만을 보여주지만 스펙트럼은 어떤 종류의 소리가 얼마나 강하게 포함되어 있는지를 보여준다. 예를 들어 사람의 목소리는 보통 300Hz에서 3000Hz 사이에 주로 분포하고, 전기 콘센트에서 발생하는 전력선 험(power-line Hum, 오디오 장치에서 발생하는 저주파 노이즈)은 50Hz 또는 60Hz에서 발생한다. 또한 에어컨에나 냉장고 소리는 낮은 주파수에서 지속적으로 나타낸다. 이러한 각각의 소리 패턴은 마치 소리의 지문처럼 그 장소와 시간의 특징을 나타낸다. 이러한 분석을 가능하게 해 주는 기법이 스펙트럼 분석이다. 시간의 한 점에서 특정 주파수 대역별로 에너지 분포를 확인하여, 편집된 구간에서 불연속적인 주파수 성분이나 비정상적인 잡음 패턴을 탐지할 수 있다. 즉, 전력선 험, 가전제품의 기계음, 배경 노이즈 등의 소리가 끊기거나, 없었던 새로운 배경 노이즈 발생 시, 동일 환경에서 녹음되지 않은 구간을 식별하는 근거로 활용될 수 있다.

스펙트럼은 특정 순간의 소리 성분을 보여 주지만, 스

펙트로그램은 시간이 흐르는 동안 주파수가 어떻게 변하는지를 볼 수 있게 해 준다. 둘 다 불연속성이나 배경 잡음을 분석하는 데 쓰이지만, 스펙트럼은 '무엇이 있는가?', 스펙트로그램은 '언제 어떻게 바뀌었는가?'를 알려 준다. 스펙트로그램을 분석에 활용하면, 사람이 말할 때는 목소리의 특징인 포먼트의 자연스러운 변화를 관찰할 수 있다. 하지만 두 오디오를 붙였다면, 이 포먼트 패턴이 갑자기 끊기거나, 색상이 급격히 바뀔 수 있다(Ladefoged & Johnson, 2014). 배경 잡음도 마찬가지다. 한 구간은 에어컨 소리가 들리고, 다음 구간에는 사라졌다면, 그 지점이 다른 시간과 장소에서 녹음된 것일 가능성이 크다. 이는 편집 의심의 강력한 단서가 된다. 스펙트로그램을 통해 편집 구간에서 발생하는 미세한 잡음 패턴의 단절, 배경음의 불연속성, 무음 구간의 인위적 삽입 등을 찾아낼 수 있다(Zhao et al., 2017; Maher, 2018; SWGDE, 2018)

또한, 스펙트로그램을 통해 오디오 파일의 최대 주파수(녹음되거나 재생될 수 있는 가장 높은 음높이)와 차단 주파수(cutoff frequency, 녹음될 수 있는 최고 음높이)를 알 수 있다. 스마트폰 기종에 따라 차단 주파수는 차이가 있을 수 있지만, 일반적으로 아이폰은 대략

16kHz, 갤럭시는 대략 24kHz다. 만약 아이폰의 차단 주파수가 20kHz라면 면밀히 검토해 볼 필요가 있다. 이처럼 스펙트로그램은 소리의 시간적 흐름에 따른 일관성을 보는 가장 강력한 도구다.

신호 처리 기반 분석

파형 분석과 스펙트럴 분석으로는 발견하기 어려운 미세한 흔적이 존재한다. 이 흔적은 마치 범인이 문을 열고 간 후 남긴 지문처럼, 편집이나 저장 과정에서 수학적으로 남을 수 있다. 이를 수학적으로 추출·분석하는 접근법이 신호 처리 기반 분석(Digital Signal Processing, DSP)이다. 이러한 기법은 시각적 분석으로는 포착하기 어려운 편집, 재인코딩 흔적을 보다 정밀하게 확인할 수 있게 해 준다.

ENF 분석

가정 혹은 도시로 들어오는 전기는 리듬을 가지고 들어오는데, 전기가 초당 몇 번씩 진동하는지를 나타내는 값을 ENF라고 한다. 이는 나라 혹은 지역별로 표준이 정해져 있으며, 보통 50Hz(유럽 등) 또는 60Hz(대한민국, 미국 등)를 사용한다. 전등과 어댑터 근처에서 녹음하면

50/60Hz와 그 배수(100/120Hz) 성분이 전력선 험으로 오디오에 자동으로 녹음된다. 이러한 원리를 오디오 포렌식에 적용하는 기법이 ENF 분석이다.

ENF 분석은 녹음 파일에 숨겨진 전력망 주파수의 흐름을 추적하는 기법이다. 이 기법은 ENF 신호의 연속성이 깨지거나 비정상적인 변화가 나타나는 지점을 편집 의심 구간으로 식별한다. 분석 과정은 녹음된 오디오에서 기준 주파수(국내 60Hz) 대역의 신호를 추출한 뒤, 실제 그 시간과 장소의 전력망 ENF 데이터와 비교하여 일치 여부를 확인하는 방식으로 이루어진다. 하지만 녹음된 ENF 신호가 너무 약하거나, 배터리로 작동하는 기기에는 기록되지 않는 경우가 많고, 비교할 전력망 데이터 확보도 어려워 실제 포렌식 실무에서는 거의 사용되지 않는다(박남인 외, 2019).

재인코딩 분석

오디오를 위변조하면 필연적으로 원본과 같은 포맷으로 다시 저장하는 재인코딩 과정을 거친다. 스마트폰 녹음 파일은 대부분 손실 압축(AAC, MP3 등) 되는데, 이 과정에서 미세한 왜곡, 즉 아티팩트가 남는다. 위변조된 파일은 원본 녹음과 편집 후 재인코딩, 총 두 번의 압축을 거치므로 이중 압축 흔적이 남는다. 이 흔적은 귀로는 들을 수 없지만, 신호 분석을 통해 주파수 영역에서 규칙적인 패턴으로 나타나 위변조의 결정적 단서가 된다. 예를 들어, 샘플링 레이트를 바꾸는 리샘플링(re-sampling) 과정은 주파수 영역에 줄무늬 같은 고유한 패턴을 남긴다.

하지만 최근 기술의 발전으로 동일한 인코더를 가지고 동일한 비트 레이트, 동일한 샘플링 레이트로 다시 저장하면, 두 번째 압축이 남기는 새로운 흔적은 매우 약해지고 있다. 스마트폰 녹음 앱들이 편집 기능을 지원하게 됨으로써 동일한 인코더를 사용할 수 있게 되었다. 이는 파일 구조와 메타데이터 조작 검출을 불가능하게 할 뿐 아니라 재인코딩 분석을 통한 위변조 탐지를 어렵게 하고 있다(박재완, 2022).

자기상관 및 통계적 불연속성 분석

자기상관(autocorrelation) 및 통계적 불연속성 분석(statistical discontinuity)은 자연스러운 소리와 편집된 소리의 근본적인 차이점을 이용하는 기법이다. 자연스럽게 녹음된 오디오는 목소리나 배경 소음 등에서 통계적으로 일관된 패턴과 시간적 연속성을 보인다. 하지만 오디오가 편집되면 이 연속성이 깨지면서 통계적 특성에 갑작스러운 변화, 즉 불연속이 발생한다. 이 지점을 찾아내는 것이 자기상관 및 통계적 불연속성 분석이다.

자기상관이란 지금 이 순간의 소리와 0.1초 후의 소리가 얼마나 유사한지를 측정하는 방법이다. 간단히 말해, 지금의 파형이 조금 뒤의 파형과 얼마나 닮아 있는가를 보는 것이다. 정상적인 음성 구간에서는 음성의 주기성이나 배경 잡음의 일관성 때문에 자기상관 값이 일정한 패턴을 유지한다. 반면, 다른 환경에서 녹음된 음성이 삽입되면, 그 지점에서 자기상관 값은 급격히 변동하며 불연속성이 드러난다. 따라서 자기상관 분석은 구간 간의 유사성 변화를 추적함으로써 의심 편집 지점을 찾아내는 데 유용하다. 또한 평균 음량, 음의 복잡도(엔트로피), 변동성(분산) 같은 통계적 특성도 중요하다. 원본 구간에서는 신호의 통계량이 안정적으로 유지되지만, 편집 구간에서는 갑작스러운 변화가 발생할 수 있다. 예를 들어 짧은 구간의 대체는 시간축 통계량의 불연속성을 유발하며, 이러한 지점을 포착하면 위변조 가능성을 확인할 수 있다.

이러한 통계적 불일치를 단순히 숫자로 계산하는 것 대신에 전통적인 머신러닝(machine learning)을 이용해 자동으로 찾아내는 방향으로 발전했다. 대표적으로 가

우시안 혼합 모델(Gaussian Mixture Model, GMM)은 특정 녹음 환경의 통계적 특성을 모델링하여, 이질적인 특성을 보이는 구간을 이상 신호로 탐지해 낼 수 있다. 여기에 GMM으로 추출한 특징을 초벡터(supervector)로 변환한 뒤 서포트 벡터 머신(Support Vector Machine, SVM)으로 분류하면, 통계적 패턴이 다른 구간을 자동으로 식별하는 시스템을 만들 수 있다(양일호 외, 2014). 단순 통계 분석에서 출발한 탐지 기술이 확률 모델과 머신러닝을 결합하면서 자동화된 분석이 가능해졌다.

전통 오디오 포렌식 기술의 한계

지금까지 살펴본 전통적인 오디오 포렌식 기술은 '자연스러운 소리는 일관되고 연속적이다, 편집된 소리는 이러한 연속성을 깨트린다'는 원리에 기반을 한다. 이러한 전통적인 오디오 포렌식 기술은 눈에 보이는 흔적을 찾고 수학적 흔적을 찾는 것이 핵심이 된다. 예를 들어, 두 개의 다른 환경에서 녹음된 파일을 연결하는 스플라이싱 같은 단순한 편집은 파형의 끊김, 배경 잡음의 변화, 주파수 패턴의 불일치 등 뚜렷한 흔적을 남기기 때문에 비교적 쉽게 탐지할 수 있고, 전통적인 오디오 포렌식은 이러한 편집에 초점을 맞추고 있다.

하지만 편집 기법이 진화하면서 하나의 파일에서 위변조가 발생하는 카피-무브(파일 안에서 복사 후 삽입 혹은 자르기 후 삽입) 기법 혹은 특정 소리를 복사해서 붙여 넣는 혼합 붙여넣기 기법을 통해 더 정밀한 편집이 가능해졌다. 나아가 최근에는 AI 음성 합성 기술이 빠르게 발전하면서, 원본 파일에 정교하게 합성된 음성을 삽입하는 것이 가능해졌다. 더욱이, 동일한 코덱과 비트레이트로 다시 저장해 재인코딩 흔적을 숨기거나, 전력선 험을 복제해 시간의 일관성처럼 보이게 하거나, 그리고 메타데이터를 조작해 진짜처럼 위장하는 등의 안티포렌식(anti-forensics, 의도적으로 포렌식 탐지를 피하려는 기술) 기술도 발전하고 있다. 이처럼 정교하게 위조된 오디오 파일은, 파형, 스펙트로그램, 재인코딩 흔적, 메타데이터 등 기존의 모든 전통적 방법으로는 거의 구분할 수 없다.

전통 기술은 여전히 유용하다. 특히 단순한 편집이나 위변조자의 실수를 찾는 데에는 효과적일 수 있다. 하지만 정교한 위변조와 안티포렌식 기법 앞에서는 한계가 명확하다.

참고문헌

박남인 외(2019). "디지털 오디오 파일의 편집 여부 분석 절차에 대한 연구". 《디지털포렌식연구》, 13(4), 257~269쪽.

박재완(2024). "오디오 포렌식에서 인공지능 기술 적용의 이해". 《주간기술동향》, 2140, 15~29쪽.

박재완 외(2022). "스마트폰 음성녹음 파일 구조 및 메타데이터의 위변조 기법에 관한 연구". 《문화기술의 융합》, 8(6), 807~812쪽.

양일호 외(2014). "법음성학에서의 오디오 신호의 위변조 구간 자동 검출 방법 연구". 《말소리와 음성과학》, 6(2), 21~28쪽.

Ladefoged, P. & Johnson, K.(2014). *A course in phonetics.* Wadsworth ISE.

Maher, R. C.(2018). *Principles of Forensic Audio Analysis.* Springer.

SWGDE(2018). SWGDE Best practices for digital audio authentication. https://www.swgde.org/documents/published-complete-listing/15-a-001-swgde-best-practices-for-digital-audio-authentication/

Zhao, H. et al.(2017). Audio splicing detection and localization using environmental signature. *Multimedia Tools and Applications, 76*(12), pp.13897~13927.

04
디지털 오디오 위변조 유형과 검출 절차

오디오 파일의 위변조 여부를 밝히는 과정은 과학적이고 체계적인 절차를 따르는 것에서 시작한다. 이에 오디오 포렌식 분야에서는 증거 접수부터 최종 보고까지 명확한 분석 절차를 확립해 왔다. 하지만 이러한 표준 절차는 '혼합 붙여넣기'와 같이 정교한 편집 기법 앞에서는 뚜렷한 한계를 보이며, 전통적 방법만으로는 더 이상 진실을 담보하기 어렵게 되었다.

청각장애인과 AI?

오디오 파일의 위변조 유형

오디오 파일은 코덱이라는 압축 기술로 처리되어 AAC나 MP3와 같은 특정 코딩 포맷(coding format)으로 만들어진다. 이렇게 만들어진 코딩 포맷은 그 자체로 완전한 파일이 아니라, 정해진 규칙에 따라 컨테이너라는 형식 안에 담겨야 비로소 하나의 완성된 오디오 파일이 된다. 이러한 오디오 파일의 컨테이너에 포함된 구조 및 메타데이터를 변경하는 기법을 '컨테이너 기반 위변조(container-based forgery)'라고 하고, 반면 디지털 오디오 편집 도구를 이용하여 실제 오디오의 내용을 조작하는 것을 '콘텐츠 기반 위변조(content-based forgery)'라고 한다(Bevinamarad & Shirldonkar, 2020; Ustubioglu et al, 2023).

컨테이너 기반 위변조

컨테이너 기반 위변조는 파일의 구조와 메타데이터를 변경하는 방식이다. 예를 들어 M4A 파일의 박스 배치, 녹음 시간, 샘플링 레이트와 비트 레이트 표기, 태그나 기기명 같은 정보를 바꿔 특정 기기에서 만든 것처럼 보이게 만들 수 있다. 이러한 정보를 자연스럽고 손쉽게 맞추기 위해서는 일반적으로 재인코딩을 거친다. 이런 조작은 소리 자체를 크게 건드리지 않기 때문에 사용자 입장에선 자연스럽게 들을 수 있지만 구조 및 일관성 검사에서 틈이 드러나기도 한다. 이를 위해 원본 파일에서 사용된 동일한 인코더를 찾아야 한다. 스마트폰 기본 녹음 앱은 편집 기능을 가지고 있어 약간의 부분만을 잘라내면 원본 녹음 파일과 동일한 인코딩을 수행할 수 있다. 더욱이 기본 앱을 제외하고 수많은 모바일 앱들은 오픈소스 기반 인코더를 사용하기 때문에 동일한 인코더를 찾는 것은 쉬운 일이다. 그 후 원본 파일과 동일하게 박스 배치를 수정하고 메타데이터를 수정한다. 이러한 방식으로 일반인도 손쉽게 컨테이너 및 메타데이터를 정교하게 조작할 수 있다.

콘텐츠 기반 위변조

콘텐츠 기반 위변조는 더 직접적인 조작이다. 즉, 소리 자체를 자르고, 붙이고, 복사하고, 합성하는 방식이다. 앞에서 설명했듯이 이러한 기법에는 대표적으로 삭제(혹은 자르기), 둘 이상의 파일을 이어 붙이는 스플라이싱, 파일 안에서 특정 구간을 복사해 다른 자리로 옮기는 카피-무브, 길이를 늘이지 않고 겹쳐 붙이는 혼합 붙여넣기가 있다. 이 중 스플라이싱은 두 환경(다른 장소, 마이크, 배경 소리)이 섞이기 때문에, 파형 끊김, 주파수 불일치, 배경 잡음 변화 등의 단서가 많아 비교적 쉽게 탐지된다. 반면 카피-무브나 혼합 붙여넣기는 파일 내에서 같은 환경의 소리를 사용하기 때문에, 배경 소리도, 음색도, 압축 방식도 동일하다. 즉, 눈에 보이는 흔적이 거의 없어, 전통 기술로는 탐지가 매우 어렵다.

디지털 오디오 위변조 탐지 절차

오디오 포렌식은 단순히 들어보는 것이 아닌, 법정에서 증거로 쓰일 수 있도록 누구나 따라 할 수 있는 반복 가능한 과학적 절차가 필요하다. 이러한 절차에서 위변조 유형과 편집 유형에 따라 단서를 찾는 방법은 달라진다. 국제 실무 지침의 한 축인 Scientific Working Group on Digital Evidence(SWGDE)의 권고 문서에 따르면, '이 녹음이 주장된 기기와 방식으로 실제 만들어졌는가?'라는 질문에서 시작하라고 제안하고 있다(SWGDE, 2018). 그 답을 위해 핵심 원칙 세 가지를 제안하고 있다. 첫째, 원본은 그대로 두고, 모든 분석은 사본에서 한다. 둘째, 누가, 언제, 어떤 도구로 분석했는지 추적 가능하게 문서화한다. 마지막으로 동일한 조건으로 재현해 비교한다. 이러한 핵심 원칙을 기반으로 오디오 포렌식을 위한 12

단계의 절차를 제안할 수 있다. 이 절차는 AI 시대에도 여전히 유효하며, 자동화 기술의 기반이 되는 신뢰할 수 있는 분석 프레임워크가 될 수 있다.

접수와 보존: 원본을 보존하라

증거는 접수 즉시 원본 해시 값(Hash Value, 파일의 지문처럼 생긴 고유한 수치로 파일이 한 글자라도 바뀌면 달라짐)을 계산해 무결성을 기록하고, 체인 오브 커스터디(Chain of Custody, COC, 증거물이 수집된 순간부터 법정에 제출될 때까지 누가, 언제, 어떻게 그 증거를 다뤘는지를 문서화한 기록)로 취급 이력을 문서화한다. 원본은 읽기 전용 상태로 보관하며, 실제 분석은 작업 사본에서만 수행한다.

파일 확인: 맥락을 파악하라

파일이 어떤 형식인지, 재생이 되는지, 전체 길이는 얼마인지, 무음 구간은 어디 있는지, 클릭(click, 오디오 신호 내에서 발생하는 매우 짧고 갑작스러운 소리로, 정상적인 음성이나 배경음과는 어울리지 않는 이상한 잡음)과 왜곡 같은 명백한 이상 있는지 등을 확인한다. 또한 이 파일이 어떤 기기로, 어떤 앱으로, 어떤 장소와 상황에서 녹음되었는지에 대한 맥락 정보도 수집한다. 이 정보는 나중에 비교 실험에 사용된다.

1차 청취: 편견 없이 들어라

처음부터 끝까지 주의 깊게, 편견 없이 청취한다. 이때는 판단을 하지 않고, 이 부분은 이상하다, 소리가 급작스럽게 단절되었다, 공간감이 바뀌었다, 문맥상 전후 대화의 흐름이 자연스럽지 않다 등 미심쩍은 순간이 들리면 시간대만을 기록한다.

시각화 분석: 귀가 들은 것을 눈으로 확인하라

소리를 파형, 스펙트로그램, 에너지 변화 그래프 등으로 시각화한다. 파형에서 끊김이나 클리핑이 있는지, 스펙트로그램에서 배경 잡음이 갑자기 사라졌는지, 고주파 성분이 자연스럽게 이어지는지 등의 흔적을 찾아, 앞선 단계에서 표시한 지점과 일치하는지 확인한다.

파일 구조 분석: 기술적 모순을 찾아라

코덱 종류, 샘플링 주파수, 녹음 시간, 장비 정보들이 서로 일치하는지를 조사한다. 코덱은 MP3인데 메타데이터는 AAC로 되어 있는지, 녹음 시간과 실제 길이가 맞는지, 파일의 앞뒤에 인코더 프라이밍(encoder priming)과 패딩(padding)이 있는지 등을 꼼꼼히 확인한다. 인코더 프라이밍은 오디오 스트림의 시작 부분에 의도적으로 추가되는 짧은 무음 샘플을 의미하고 반면, 패딩은 오디오 스트림의 끝부분에 추가되는 무음 샘플을 의미한다.

동일 조건 비교 녹음 확보: 비교 대상을 확보하라

동일 기기와 동일한 앱, 동일한 설정으로 녹음한 비교용 테스트 파일을 확보한다. 또한 편집이 의심된다면, 삭제, 붙이기, 저장까지 직접 해 보는 재현 실험도 진행한다. 이 테스트 파일은 나중에 기준으로 사용된다.

대조 분석: 차이점을 정량화하라

증거와 비교용 테스트 파일을 비교 분석한다. 대역폭(bandwidth), 차단 주파수, 천이 대역(transition band, 통과 대역과 차단 대역 사이에서 변하는 경계 대역), 배경 잡음과 잔향의 모습, 파일 구조와 메타데이터 등을 정량적으로 비교한다. 이 단계에서 필요하면 ENF의 연속성도 확인한다. 이를 위해 파형, 스펙트로그램 등을 활용한다.

국소 편집 탐지: 의심 지점을 확대하라

의심 지점을 정밀하게 분석한다. 편집 유형에 따라 다른 단서를 찾는데, 외부 파일을 이어 붙인 스플라이싱의 경우 연결 지점에서 주파수나 배경음이 부자연스럽게 끊기는지 확인한다(Pan et al., 2012; Zhao et al., 2017; Leonzio et al., 2023). 반면 파일 내부에서 조작된 카피-무브나 혼합 붙여넣기는 소리가 겹친 오버레이(overlay), 부드럽게 섞인 크로스페이드(crossfade, 한 오디오가 점차 사라지는 동시에 다른 오디오가 점차 나타나도록 하여 두 소리를 부드럽게 전환하는 음향 편집 기법) 흔적 등을 찾는다(Son & Park, 2024). 이러한 시각적 분석과 더불어, 자기상관이나 엔트로피(entropy, 음의 복잡도 지표) 같은 통계적 특성의 변화를 함께 추적하여 분석의 신뢰도를 높인다(Zeng et al., 2023; Leonzio et al., 2023).

재인코딩 흔적 분석: 재저장 흔적을 추적하라

파일이 여러 번 저장되었는지 확인하는 단계다. 메타데이터에서 인코더 정보가 바뀌었는지, 고주파 성분이 점진적으로 사라졌는지, 프레임 간 패턴에 규칙적인 왜곡이 있는지 등을 조사한다. 고주파 성분이 점점 희미해졌다면, 여러 번 압축된 이중 압축의 흔적일 수 있다. 의심된다면, 이 파일을 같은 형식으로 다시 저장해 보는 실험을 통해 원본과 얼마나 비슷한 지도 비교한다.

2차 청취: 의심 지점을 반복해서 청취하라

앞 단계에서 의심 영역으로 표시한 지점을 중심으로 반복해서 청취한다. 두 명 이상이 독립적으로 듣고, '이 부분은 이상하다'는 의견이 일치하는지 확인한다. 이 청취 소견은 시각적, 수치적 분석의 보조 근거로 사용된다.

교차 검증: 모든 단서를 연결하라

지금까지 찾은 모든 단서를 종합한다(Koenig & Lacey, 2009). 시각화 분석 결과, 청취 소견, 메타데이터 및 파일 구조 비교 실험 결과 등에서 나온 모든 단서가 같은 시간대, 같은 현상을 가리키고 있는지를 확인한다(SWGDE, 2022). 예를 들어, 파형에서 끊겼고, 스펙트로그램에서 잡음이 사라졌고, 메타데이터도 불일치하며, 청취해도 어색하다면, 그 지점은 높은 확률로 편집된 것이다.

결론 및 보고: 과학적으로 말하라

마지막으로, 모든 분석 과정과 결과를 문서화한다. 의심 구간의 시간, 판단 근거(수치, 서술, 청취 소견), 분석의 한계, 비교 실험 내용, 원본과 사본의 해시 값 등을 포함한다. 결론은 신중하고 과학적인 표현을 사용하고, 모든 과정을 상세히 기록해 누구나 같은 방법으로 재현할 수 있어야 한다.

혼합 붙여넣기의 탐지 난이도

지금까지 살펴본 오디오 포렌식 절차는 매우 과학적이고 체계적이다. 컨테이너와 신호를 이중으로 확인하고, 동일 조건 재현으로 교차 검증하는 과학적 절차를 따른다. 하지만 혼합 붙여넣기 유형 앞에서는 본질적 한계를 드러낸다. 혼합 붙여넣기는 단순히 소리를 자르거나 붙이는 것이 아닌, 기존 소리 위에 짧은 구간을 겹쳐서 덧붙이는 방식으로, 두 사람의 목소리가 겹쳐진 현상을 만들 수 있다. 문제는 두 사람의 목소리가 겹치면, 오디오 포렌식에서 '여기는 자연스러운 대화다'라고 판단해 편집이 없는 구간으로 간주하는 경우가 많다. 결국, 조작된 부분이 오히려 정상으로 보이게 되는 상황이 발생하게 된다.

혼합 붙여넣기는 재인코딩 흔적도 잘 숨긴다. 파일을 여러 번 저장하면 고주파 성분이 점점 희미해지고, 압축 흔적이 남기 마련이다. 하지만 편집 후 저장할 때 원본과 같은 코덱과 비트 레이트를 사용한다면, 이중 압축의 흔적은 거의 사라진다(Wang et al., 2014; Huang et al., 2018). 더욱이 손실 압축은 평활화(smoothing) 효과(데이터의 급격한 변화나 잡음을 줄이고 전체적인 흐름이나 패턴을 부드럽게 만드는 과정)로 인해 편집 경계도 더 숨겨지는 현상이 발생한다.

신호 분석은 훨씬 더 어렵게 만든다. 짧은 크로스페이드는 경계면의 불연속을 완화시키고(Thornton, 2007), 자동 음량 조절(automatic gain control) 기능은 경계면의 에너지와 위상 변화를 완만하게 만든다(Maher, 2010). 이 때문에 파형이나 스펙트로그램에서 나타나는 시각적 단절이 흐릿하게 된다. 또한 청각에서는 덧붙인 소리의 크기를 정교하게 조절하면 강한 소리가 약한 소리를 덮는 마스킹 효과(masking effect)가 발생한다(Moore, 2012). 이 때문에 원래 소리와 뒤섞여, 귀로는 어디가 편집 지점인지 구분하는 것이 거의 불가능하다.

더욱이 환경 연속성 지표도 통하지 않는다. 스플라이싱에서는 배경 잡음과 공간감, 잔향이 달라져 탐지가 쉬운데, 혼합 붙여넣기는 같은 파일 내부에서 소리를 가져오거나, 비슷한 환경에서 녹음된 소리를 사용한다. 이때 배경 잡음의 스펙트럼과 크기, 공간감이 크게 달라지지 않기 때문에 검출이 어렵다. 특히 이 편집은 주로 저주파 영역을 건드리지 않기 때문에, ENF 패턴도 정상적으로 보인다.

심지어 재현 실험도 결정적인 답을 주지 못한다. 재현으로 얻은 패턴이 증거와 유사하면 그럴 수 있다는 가능성은 높여 주지만, 혼합 붙여넣기는 매우 짧은 구간과 미세한 오버랩 비율, 비선형 보정 등 파라미터 조합의 자유도가 매우 크다. 따라서 재현 파일이 증거와 정확히 같은 미세 패턴을 되살려 내기 어렵다. 반대로 유사하지 않다고 해서 곧바로 '아니다'라고 단정할 수도 없다.

국소적인 통계 분석도 마찬가지다. 자기상관이나 엔트로피와 같은 지표도 짧은 구간과 정교한 조정, 그리고 압축의 평활화 효과로 인해 자연스러운 변동 범위 안에 묻혀버린다. 결국 육안으로도, 귀로도, 기본적인 통계로도 이 편집을 포착하기가 매우 어렵다.

절차는 필요하지만 충분하지 않다. 컨테이너는 정상으로 보일 가능성이 높고, 신호의 미세한 변화는 거의 없으며, 청취로도 편집의 경계를 찾기 어렵다. 재현 실험도 파라미터의 자유도가 높기 때문에 정확한 판정을 보장하지 못한다. 이 때문에 혼합 붙여넣기는 전통 오디오 포렌식 기술로는 안정적으로 검출하기 어렵다.

국립과학수사연구원에 따르면 정교한 편집은 검출이 불가능하다고 언급하고 있다(박남인 외, 2019). 특히, 혼합 붙여넣기 사건에서 불일치 단서가 없다는 사실을 곧바로 원본임으로 단정하지 말아야 한다. 혼합 붙여넣기는 편집 방식 자체가 의도적으로 흔적을 남기지 않도록 설계되어 있기 때문에 절차를 잘 따르면 해결되는 문제가 아니다. 따라서 이 문제를 해결하려면, 단순한 절차의 반복을 넘어 새로운 기법과 이를 학습한 AI 분석 도구가 필요하다. 이에 따라 저자는 AI 기반의 자동화 탐지 기법을 개발하였다.

참고문헌

박남인 외(2019). "디지털 오디오 파일의 편집 여부 분석 절차에 대한 연구". 《디지털포렌식연구》, 13(4), 257~269쪽.

Bevinamarad, P. R. & Shirldonkar, M. S.(2020). Audio forgery detection techniques: Present and past review. *Proceedings of the 4th International Conference on Trends in Electronics and Informatics*, pp.613~618.

Huang, Q. et al.(2018). AAC double compression audio detection algorithm based on the difference of scale factor. *Information, 9*(12), 161.

Koenig, B. E. & Lacey, D. S.(2009). Forensic authentication of digital audio recordings. *Journal of the Audio Engineering*

Society, 57(9), pp.662~695.

Leonzio, D. U. et al.(2023). Audio splicing detection and localization based on acquisition device traces. *IEEE Transactions on Information Forensics and Security, 18*, pp.4157~4172.

Maher, R. C.(2010). Overview of audio forensics. *Intelligent multimedia analysis for security applications*, pp.127~144. Springer.

Moore, B. C. J.(2012). *An introduction to the psychology of hearing*. Brill.

Pan, X. et al.(2012). Detecting splicing in digital audios using local noise level estimation. *Proceedings of 2012 IEEE international conference on acoustics, speech and signal processing*, pp.1841~1844.

SWGDE(2018). SWGDE Best practices for digital audio authentication. https://www.swgde.org/documents/published-complete-listing/15-a-001-swgde-best-practices-for-digital-audio-authentication/

SWGDE(2022). SWGDE Best Practices for Forensic Audio. https://www.swgde.org/wp-content/uploads/2023/11/2022-06-09-SWGDE-Best-Practices-for-Forensic-Audio_v2.5.pdf

Son, Y. & Park, J. W.(2024). Detecting forged audio files using "Mixed Paste" command: A deep learning approach based on Korean phonemic features. *Sensors, 24*(6), 1872.

Thornton, M.(2007.2). Using fades & crossfades. Sound on Sound. https://www.soundonsound.com/techniques/using-fadescrossfades

Ustubioglu, B. et al.(2023). Detection of audio copy-move-forgery with novel feature matching on Mel spectrogram. *Expert Systems with Applications, 213*, 118963.

Wang, R. et al.(2014). Detecting double-compressed MP3 with the same bit-rate. *Journal of Software, 9*(10), pp.2522~2527.

Zeng, C. et al.(2023). Digital audio tampering detection based on deep temporal-spatial features of ENF. *Information, 14*(5), 253.

Zhao, H. et al.(2017). Audio splicing detection and localization using environmental signature. *Multimedia Tools and Applications, 76*(12), pp.13897~13927.

05
AI 기반 오디오 위변조 탐지 기술

AI는 인간이 감지하기 어려운 미세한 통계적 패턴을 학습하여 위변조를 탐지한다. 딥러닝 모델은 국소적 패턴과 시간적 맥락을 동시에 분석하여 비정상적인 흔적을 찾아내는데, 이러한 접근 방식은 기존의 분석 방법으로는 식별이 어려운 정교한 위변조까지 탐지할 수 있는 가능성을 열어 주었다. 하지만 AI 탐지 모델의 성능을 단순히 정확도로만 평가하는 것은 큰 오해를 낳을 수 있으며, 그 신뢰도를 올바르게 이해하기 위해서는 다양한 평가 지표에 대한 깊이 있는 접근이 반드시 필요하다.

AI 콘텐츠 크리에이터?

음성 분야에서의 딥러닝

인공지능(Artificial Intelligence, AI)은 인간의 지능을 모방하는 모든 기술과 시스템으로 정의될 수 있다. 이러한 인공지능은 반드시 학습을 하지 않고 사람이 만든 규칙 기반(rule-based)으로 작동될 수도 있다. 즉, 사람이 작성한 IF-THEN 규칙을 기반으로 의사 결정을 내리는 시스템은 기본적인 형태의 인공지능이다. 이후 프로그래머가 직접 규칙을 만들지 않고 데이터 학습에 의해 규칙이 만들어지기 시작했고, 이를 머신러닝이라 부르기 시작했다. 머신러닝은 통계를 기반으로 하는 전통적인 머신 러닝과 인간의 뇌에서 영감을 받은 딥러닝(deep learning)으로 분리되었고, 딥러닝은 깊은 층을 가진 인공신경망인 다층 신경망(Deep Neural Network, DNN)이라 부른다.

딥러닝이 본격적으로 활용되기 이전에는 음성 분야에서는 오랫동안 GMM-UBM(Universal Background Model) 같은 통계적 모델이 주로 사용되었고, 이러한 모델과 전통적인 머신러닝이 결합되어 편집 의심 구간 자동 검출 시스템이 출현하기도 했다(양일호 외, 2014). 2012년 이후 데이터가 급속도로 증가하고 GPU가 고성능 연산을 지원하기 시작하면서 딥러닝 기술은 급속한 발전을 이루었다. 오늘날 음성 분야에서도 딥러닝 기술이 도입되면서, 오늘날 음성 인식, 음성 합성, 화자 인증, 감정 인식, 음성 품질 향상 등 다양한 분야에 적용되어 비약적인 발전을 가져오고 있다.

현재 딥러닝 기술은 오디오 포렌식 분야에서도 적용되어 미세한 신호적 특징(feature, 모델이 예측이나 분류를 수행하는 데 사용하는 데이터의 개별적이고 측정 가능한 속성)을 추출하고 학습하여 위변조 탐지, 딥페이크 음성 검출, 화자 인식 등의 분야에 널리 사용되고 있다. 위변조 탐지를 위한 딥러닝 모델은 합성곱 신경망(Convolutional Neural Network, CNN) 모델, 장기 메모리(Long Short-Term Memory, LSTM) 모델, 그리고 CNN과 LSTM을 결합한 하이브리드(hybrid) 모델이 주로 사용된다.

CNN

CNN은 원래 이미지 처리에 최적화된 딥러닝 모델이지만, 소리를 스펙트로그램 이미지로 변환함으로써 오디오 위변조 탐지에 활용되고 있다(Ustubioglu et al., 2023; Pham et al., 2024; Liu et al., 2023). 이 모델은 작은 사각 필터(kernel)를 이용해 입력된 이미지의 국소 영역과의 합성곱 연산을 수행하여 높은 수준의 특징을 추출한다(Goodfellow et al., 2016). 이러한 원리 하에 스펙트로그램이 편집 지점의 에너지 변화나 특정 주파수 대역의 특징 등, 인간의 눈으로는 포착하기 힘든 미세한 시각적 단서들로부터 특징이 추출된다. 따라서 CNN은 대규모 스펙트로그램 데이터를 학습하여 이러한 고차원의 특징들을 스스로 찾아내는 방식으로 위변조를 탐지한다.

LSTM

순환 신경망(Recurrent Neural Network, RNN)은 시계열 데이터 처리에 특화된 딥러닝 모델이다. 따라서 시계열 데이터로 이루어진 음성 분야에 RNN은 효과적으로 적용될 수 있다. RNN은 시계열 데이터를 처리하기 위해 이전 단계의 데이터를 다음 단계로 전달하여 학습을 가능하게 한다. 하지만, 시간이 길어질수록 초기 입력 정보가 마지막까지 전달되지 못하고 소실되는 문제가 발생한다. 이러한 장기 의존성 문제(long-term dependency problem)를 해결하기 위해 설계된 모델이 LSTM이다. 이러한 특성은 오디오에서 배경 잡음의 연속성, 발화의 리듬과 호흡과 같은 시간적 맥락을 가능하게 한다.

하이브리드 모델

음성 분야에서 CNN이 순간의 모양을 잘 본다면, LSTM은 그 모양이 앞뒤 흐름 속에서 자연스러운지를 판단한다. 즉, 국소 패턴은 CNN이, 장기 문맥은 LSTM이라는 원칙이 자리 잡혔다. 이후 대역과 편집 경계 영역의 특징은 CNN이 문장 구조와 배경 연속성은 LSTM이 책임지는 두 구조를 결합한 하이브리드 모델이 음성 분야에서 폭넓게 확산됐다(Son & Park, 2024). 더욱이, LSTM은 순차 데이터 처리에 특화된 신경망 구조로, 게이트 메커니즘(gate mechanism, 정보의 흐름을 선택적으로 제어하는 기술)을 통해 깊고 복잡한 순차 데이터를 효과적으로 학습할 수 있어 하이브리드 모델에 적합하다(Hochreiter & Schmidhuber, 1997; Gers et al., 2002). 오디오 포렌식에서 편집 흔적이 짧고 미세하며 환경 변화가 큰 문제에서는 두 구조를 함께 써야 안정적으로 위변조를 탐지할 수 있다. 따라서 전단에 CNN을 두어 프레임마다 특징을 추출하고, 후단에 LSTM을 붙여 그 특징 시퀀스(sequence)의 문맥을 통합하는 구조를 가지게 된다. 이렇게 하면 지금 이 순간의 미세 패턴이 이상한지와 앞뒤 맥락 속에서도 어색한지를 함께 고려할 수 있게 된다.

스펙트로그램 기반 특징 추출 및 학습

음성 신호를 딥러닝이 처리하기 좋은 형태로 바꾸기 위한 기법을 오디오 특성 추출이라고 한다. 이를 위해 스펙트로그램이 사용된다. 스펙트로그램은 시간축(X축)과 주파수축(Y축), 그리고 진폭을 색상으로 표현한 이미지다. 스펙트로그램에는 다양한 종류가 존재한다. 원본 신호의 주파수 정보를 그대로 사용하는 선형 스펙트로그램(linear spectrogram), 에너지 값을 로그 스케일로 변환한 로그 스펙트로그램(log spectrogram), 주파수 축을 사람의 청각 특성에 맞추어 변환한 멜 스펙트로그램(mel-spectrogram), 멜 스펙트로그램을 저 차원 벡터로 변환한 멜 주파수 켑스트럼 계수(Mel-Frequency Cepstral Coefficients, MFCC)가 주로 사용된다.

오디오 위변조 탐지를 위한 CNN 기반 모델은 선형 스펙트로그램과 멜 스펙트로그램이 주로 사용된다. 선형 스펙트로그램은 우리가 일반적으로 생각하는 스펙트로그램이다. 즉, FFT 알고리즘에 의해서 처리된 주파수 축을 그대로 사용하는 스펙트로그램으로 원본 신호의 정보의 손실 없이 사용할 수 있기 때문에 세밀한 분석을 할 수 있다는 장점을 지닌다. 반면 고주파 영역이 너무 세밀하게 표현되어 불필요한 정보가 많은 단점을 지닌다.

멜 스펙트로그램은 사람의 음성으로부터 어떻게 유의미한 특징을 추출할 것인지에 대한 고민에서 출발한다. 사람은 달팽이관 내부 액체가 움직이면서 기저막이 특정 위치에서 진동하는 것을 통해 소리가 인식된다. 이때 사람의 청각은 저주파수 대역에서는 주파수의 변화를 잘 인식하고 고주파수 대역에서는 주파수의 변화를 잘 인식하지 못하는 특성을 가지고 있다. 물리적 주파수(Hz)를 그대로 사용하지 않고, 이러한 달팽이관의 특성을 수학적으로 모델링한 것이 멜 스케일(mel scale)이다. 이러한 멜 스케일을 실제 신호 처리에 적용하기 위해 저주파수에는 필터를 촘촘하게, 고주파수에는 넓게 배치된 비선형적인 멜 필터(mel filter)를 사용한다. 따라서 멜 스펙트로그램에서 인간이 덜 민감한 고주파 영역의 정보는 상대적으로 압축되거나 무시되지만, 반면 고주파 잡음 등의 불필요한 정보가 줄어들어 음성 인식 정확도(accuracy)가 향상된다. 또한, 이미지 형태로 딥러닝 기술에 바로 활용될 수 있다는 장점을 지닌다.

하지만 전통적인 머신러닝 사용을 위해서는 멜 스펙트로그램은 고차원 데이터로 적합하지 않다. 이를 위해 전통 음성 인식에 많이 활용되었던 MFCC가 사용된다. MFCC는 멜 스펙트로그램을 로그 변환과 이산 코사인 변환(Discrete Cosine Transform, DCT)을 적용하여 만들어지는 저 차원 특징 벡터다. 멜 스펙트로그램의 고차원 주파수 정보가 13~39차원으로 압축되어 계산량이 적고 빠르다는 장점을 지니고 있다. 하지만 고주파에서 미세 정보 손실이 발생하여 재인코딩의 흔적, 정교한 합성음 등을 탐지하는 데 한계를 지닌다.

탐지 정확도, 제한 사항, 오류 가능성

딥러닝 기반 위변조 탐지는 참과 거짓을 가리는 이진 분류다. 이러한 이진 분류는 다양한 평가 지표를 가지게 된다. 예를 들어, 개발된 위변조 탐지를 위한 AI 시스템이 90%의 정확도를 나타낸다고 한다면, 일반적으로 우리는 위변조 음성 파일 100개 중 90개를 맞히고, 10개를 못 맞힌 것으로 간단하게 생각할 수 있다. 하지만 현실에서는 위변조 파일만 있는 것이 아니라 위변조가 없는 파일도 있을 것이다. 그래서 50개의 위변조 파일과 50개의 위변조 없는 원본 파일을 가지고 평가를 하는 것이 더 합당할 것이다. 따라서 50개의 위변조 파일을 전부 맞히고 원본 파일 50개 중 10개를 위변조라고 말해도 90%의 정확도(위변조 탐지 성공 50개, 원본 탐지 성공 40개)라고 말할 수 있다. 그렇다면 위변조가 아닌 정당한 증거는 채택되지 못할 수도 있을 것이다. 이와 같이 이진 분류는 정확한 평가를 위해 다양한 성능 평가가 필요하다.

이진 분류 모델의 평가

앞에서 설명했듯이 이진 분류 평가는 단순히 편집이 있음과 없음을 판정하는 것 외에도 더 다양한 평가 방법이 필요하다. 일반적으로 편집이 있는 것을 양성(positive), 편집이 없는 것을 음성(negative)으로 고려할 수 있다. 이러한 이진 분류 평가는 다음의 네 가지 상황을 이해하는 것이 중요하다. 첫째, TP(True Positive, 진양성)는 실제 편집이 있는데 모델도 양성으로 예측한 것을 의미한다. 즉, 위변조가 있는 오디오 파일을 위변조가 있다고 예측한 것으로 정확한 예측이다. 둘째, TN(True Negative, 진음성)은 실제로 편집이 없고 모델도 음성이라고 맞게 예측한 것이다. 즉, 편집이 없는 정상적인 오디오 파일을 편집이 없다고 예측한 것으로 이것도 정확한 예측이다. 셋째, FP(False Positive, 위양성)는 실제로는 편집이 없는데, 모델이 편집이라고 틀리게 예측한 것으로 1종 오류(Type-Ⅰ Error)라고 한다. 넷째, FN(False Negative, 위음성)은 실제로는 편집이 있는데, 모델이 편집이 없다고 틀리게 예측하는 것으로 2종 오류(Type-

Ⅱ Error)라고 한다. 이러한 실제값과 예측값을 2×2 표로 정리한 것을 혼동 행렬(confusion matrix)이라고 한다.

이러한 네 가지 상황을 조합해서 다양한 지표가 만들어진다. 가장 기본이 되는 평가 지표는 정확도다. 정확도는 전체 예측 중에서 얼마나 많은 예측이 맞는지에 대한 지표다. 계산은 '맞는 예측 수' / '전체 예측 수', 즉 (TP+TN)/(TP+TN+FP+FN)로 계산된다. 하지만, 데이터의 불균형이 있을 때 오해의 소지가 발생할 수 있다. 예를 들어, 100개의 오디오 파일 중 95개가 편집이 없고 5개가 편집이 있을 경우, '모두 편집이 없다'고 한다면 정확도가 95%지만 편집된 음성 파일 5개를 전부 놓칠 수 있다. 따라서 정확도만을 가지고 딥러닝 모델의 성능을 정확히 평가하기는 어렵다.

편집을 얼마나 잘 찾는지에 대해 알아보기 위한 지표는 재현율[Recall, 혹은 민감도(Sensitivity)라 한다], 정밀도(Precision), F1 점수(F1 Score)가 있다. 재현율은 실제로 양성인 것 중에서 모델이 몇 개를 맞추었는지에 대한 비율을 나타내고, TP/(TP+FN)로 계산된다. 예를 들어, 10개의 편집된 오디오 파일 중에서 모델이 8개만을 편집이라고 맞혔다면 재현율은 80%가 된다. 이 지표는 질병을 판단하는 인공지능에서 중요한 지표가 된다. 이 인공지능은 병이 있는 사람을 병이 없다고 하는 오판을 줄이는 것이 중요한 성능 지표가 되기 때문이다. 즉, FN(실제 양성인데 음성으로 오판)을 0으로 어떻게 만들 것인가가 중요한 목표가 될 수 있다. 반면 정밀도는 양성이라고 예측한 것들 중에서 진짜로 양성인 비율을 나타낸다. 예를 들어, 10개의 오디오 파일을 편집이라고 예측하고 실제로 7개가 편집인 경우 정밀도는 70%다. 따라서 계산은 TP/(TP+FP)로, 예를 들어 7/(7+3)=0.7 즉 70%로 계산된다. 또한 두 지표의 균형을 보는 지표가 F1 점수다. 정밀도와 재현율의 조화 평균으로 계산되며, 계산법은 2×(정밀도×재현율)÷(정밀도+재현율)이다. 두 지표의 값을 균형 있게 올리고 싶을 때 고려하면 좋은 지표다.

반면, 편집이 없는 정상적인 파일을 잘 거르는지에 대해 알아보기 위한 지표로는 특이도(specificity)가 있다. 특이도는 실제로 편집이 없는 파일(음성) 중에서 모델이 몇 개를 편집이 없는 것으로 맞게 예측했는지 알아보는 지표다. 예를 들어, 편집이 없는 파일이 100개 중 90개를 편집이 없다고 맞히면 특이도 90%가 된다. 이를 위한 계산법은 TN/(TN+FP)이다. 위변조를 탐지하는 인공지능 모델은 재판부의 신뢰를 받기 위해 편집이 없는 파일을 편집이 됐다고 판단하는 오판을 줄이는 것이 가장 중요한 사항이 될 수 있다. 따라서 FP(실제 음성인데 양성으로 오판)가 0이 되도록 한다면 특이도가 100%가 되게 된다. 이때, 재현율(실제 양성인 것 중에서 모델이 맞힌 비율)이 80%이면 위변조 오디오 파일 100개 중 80개를 맞힌 것은 전부 위변조 파일인 것이다. 즉, 이 인공지능 시스템이 위변조라고 예측한 것은 위변조는 100% 위변조인 것이다. 이처럼 정확도는 90%로 다소 낮아 보이더라도, FP 오류가 0인 이 AI 시스템은 오히려 법정에서 더 높은 신뢰를 얻을 수 있다.

위변조 검출 AI 모델의 성능

현재 KT와 LG U+ 등 몇몇의 기업들이 딥페이크 음성 탐지를 위한 AI 기반 자동화 서비스를 제공하고 있다. KT는 화자 인식과 딥페이크 음성 탐지를 결합한 AI 보이스피싱(voice phishing) 탐지 서비스 2.0을 출시하고, 91.6%의 탐지 정확도를 발표했다(서효빈, 2025.8.29). LG U+는 '익시오(ixi-O)'라는 AI 통화 에이전트 서비스에 딥페이크 음성 탐지 기술을 탑재했으며, 통화 시작 후 5초 이내에 합성된 음성을 감지할 수 있으며 98%의 정확도를 자랑하고 있다(조유현, 2025.8.5).

반면, 오디오 편집 탐지를 위한 상용 서비스는 존재하지 않지만, 현재 전 세계적으로 오디오 편집 탐지에 대한 많은 연구가 수행되고 있다. 이러한 오디오 편집 탐지 연구는 위변조 유형에 따라 연구가 진행되고 있다. 최신 연구 논문에 따르면 스플라이싱 검출에 대한 성능은 정확도 94.3%, 재현율 92.9%, 정밀도 96.5%를 보고하고 있다(Gulsoy et al., 2025). 학습에 사용된 데이터세트에 따라 성능의 차이가 발생할 수 있기 때문에 직접적인 성능 비교는 어렵지만, 스플라이싱보다 탐지가 더 어려운 것으로 알려진 카피-무브도 정확도 96.5%, 재현율 95.1%, 정밀도 97.2%로 높은 성능을 나타내고 있다(Zhao, 2024).

왜 높은 성능에도 불구하고 상용 서비스가 출현하지 않는지에 대한 의문이 있을 것이다. 이러한 연구의 데이터세트는 M4A 파일 같은 실전 데이터가 아닌 점이다. 일반적으로 기존의 코퍼스(corpus, 말뭉치)를 사용해 편집을 하고 WAV로 저장한 데이터들이다. 이 경우 편집 흔적이 명확하게 남는다. 또한 오디오 편집 탐지와 딥페이크 오디오 탐지는 본질적으로 난이도가 다르다. 딥페이크처럼 일관된 패턴은 AI 기반 자동화 서비스가 탐지하는 데 탁월하지만, 오디오 편집은 그 패턴이 매우 다양하고 비정형적이라 예측 불가능해 AI 기반 자동화 탐지 서비스를 개발하는 데 어려움이 있다. 또한 편집 영역을 숨기기 위해 노이즈나 필터를 추가하는 등의 안티포렌식도 탐지를 어렵게 만들고 있다.

참고문헌

서효빈(2025.8.29). "'그놈목소리' 잡는다… 이통3사, AI 내세워 보이스피싱 전면전". 아이뉴스24. https://www.inews24.com/view/1881663?

양일호 외(2014). "법음성학에서의 오디오 신호의 위변조 구간 자동 검출 방법 연구". 《말소리와 음성과학》, 6(2), 21~28쪽.

조유현(2025.8.5). ""AI가 보이스피싱 잡았다" … LGU+, 한 달 만에 5500건 위변조 음성 탐지". 더나은미래. https://futurechosun.com/archives/127906

Gers, F. A. et al.(2002). Learning precise timing with LSTM recurrent networks. *Journal of Machine Learning Research, 3*(1), pp.115~143.

Goodfellow, I. et al.(2016). *Deep learning*. MIT Press.

Gulsoy, T. et al.(2025). Detecting audio splicing forgery: A noise-robust approach with Swin Transformer and cochleagram. *Journal of Information Security and Applications, 93*, 104130.

Hochreiter, S. & Schmidhuber, J.(1997). Long short-term memory. *Neural Computation, 9*, pp.1735~1780.

Pham, L. et al.(2024). Deepfake audio detection using spectrogram-based feature and Ensemble of Deep Learning

Models. arXiv preprint.
https://doi.org/10.48550/arXiv.2407.01777

Son, Y. & Park, J. W.(2024). Detecting forged audio files using "Mixed Paste" Command: A deep learning approach based on Korean phonemic features. *Sensors, 24*(6), 1872.

Ustubioglu, A. et al.(2023). Mel spectrogram-based audio forgery detection using CNN. *Signal, Image and Video Processing, 17*, pp.2211~2219.

Zhao, W. et al.(2024). An audio copy-move forgery localization model by CNN-Based Spectral Analysis. *Applied Sciences, 14*(11), 4882.

06
오디오 포렌식을 위한 데이터세트 구축과 처리

오디오 포렌식 분야는 실무 환경을 제대로 반영한 표준 데이터세트가 절대적으로 부족한 실정이다. 특히, 기기와 운영 체제별 고유 특성을 비교해야 하는 '컨테이너 기반 탐지'와 스마트폰으로 녹음된 M4A 파일의 정교한 편집을 다루는 '콘텐츠 기반 탐지'를 위한 공개 데이터세트는 전무한 상황이다. 이에 이 장에서는 저자의 연구실에서 직접 설계하고 구축한 두 종류의 위변조 탐지 데이터세트에 대한 구축 과정과 그 특성을 상세히 설명하고자 한다.

AI와 민주주의?

오디오 포렌식을 위한 AI 데이터세트

AI는 크게 학습(training)과 추론(inference) 두 과정으로 나누어진다. 학습은 모델이 데이터에서 규칙/패턴을 배우는 과정을 의미하며, 추론은 학습된 모델을 이용해 새로운 데이터에 대해 예측하는 과정을 의미한다. 학습을 위해 양질의 대규모 데이터세트는 AI 모델 개발에 가장 중요한 요소 중 하나다.

오디오 포렌식을 위한 데이터세트는 주로 음성 합성에 관련된 데이터세트가 주류를 이루고 있다. 음성 합성 데이터세트는 컴퓨터에 의해 생성된 음성이라 수집이 용이하고, 딥페이크 음성이 범죄에 사용되는 사례가 발생하는 등 사회적 이슈를 야기하고 있기 때문이다. 음성 합성 탐지를 위한 대표적인 데이터세트는 ASVspoof다. 현재 ASVspoof는 논리적 접근(Logical Access, LA), 물리적 접근(Physical Access, PA), 딥페이크(Deepfake, DF) 트랙으로 구성되어 있다(Yamagishi et al., 2021). LA 트랙은 음성 합성(Speech Synthesis)이나 변환(Voice Conversion)과 같이 디지털 방식으로 음성을 조작한 데이터세트이며, PA은 스피커로 위조된 음성을 재생하고 마이크로 다시 녹음하는 '리플레이(replay)' 공격 시나리오를 다루는 데이터세트다. 또한 최근 DF 트랙을 통해 딥페이크 음성 데이터를 제공하고 있다.

최근에는 사람의 음성에 합성 음성을 추가하는 특화된 데이터세트가 출현하고 있다. 이는 발화의 일부분만 위조된 '부분 위조(partial forgery)' 탐지 및 조작된 구간을 찾아내는 국소화(localization) 연구를 위해 구축되고 있다. 대표적인 데이터세트는 Audio Deepfake Detection(ADD), PartialSpoof, PartialEdit가 있다. PartialSpoof 데이터세트는 주로 스플라이싱 기법으로 편집이 수행되었으며(Zhang et al., 2021), 반면 ADD는 중국어 발화를 기반으로 스플라이싱과 이보다 상대적으로 복잡한 형태인 대체(replacement, 특정 단어나 구절을 삭제한 후 딥페이크 음성으로 대체하는 것)로 편집이 수행됐다(Yi et al., 2024). 더욱이 PartialEdit 데이터세트는 새로운 위변조 기법을 제시하고 있다. 이 데이터세트는 사람이 녹음한 음성 파일의 일부를 AI 기반의 신경 음성 편집(neural speech editing) 기술로 수정하여 만들어졌다(Zhang et al., 2025). 기존 PartialSpoof 데이터세트로 훈련된 모델들이 PartialEdit의 위조를 잘 탐지하지 못하는 것으로 나타났다(Zhang et al., 2025). 이는 신경망 기반의 편집 기술이 기존의 단순한 이어붙이기 방식보다 훨씬 미묘하고 탐지하기 어려운 흔적을 남기기 때문이다.

반면, 오디오 편집에 관련된 데이터세트는 일반적으로 LibriSpeech, CMU Arctic, Arabic Speech Corpus 등 음성 연구용으로 사용되는 공개 코퍼스를 연구 주제에 맞게 편집하여 사용되고 있다. 이에 '일반화, 표준화된 실전에 사용 가능한 오디오 편집 데이터세트가 존재하지 않는 이유는 무엇인가?'라는 질문을 던질 수 있다. 오디오 편집 데이터 수집이 어려운 점은 오디오 편집 소프트웨어가 너무 다양하다는 점, 편집 기법 또한 개인마다 다르기 때문에 패턴화되기 어렵다는 점, 편집 흔적을 숨길 수 있는 다양한 안티포렌식 기법이 존재한다는 점, 다양한 인코더가 존재한다는 점 등을 들 수 있다.

오디오 편집 데이터세트의 부재에 의해 오디오 편집 탐지는 여전히 전문가의 영역으로 남아 있다. 오디오 위변조가 정교해지면서 위변조 탐지는 위변조범이 남긴 사소한 실수를 찾는 것처럼 변해가고 있다. 더욱이 포토샵처럼 AI를 이용한 오디오 편집 기능이 소프트웨어에 추가된다면 편집의 흔적은 더욱 숨겨질 것이다. 오디오 편집 탐지를 위한 AI 모델의 개발을 위해 기존의 경계 영역 탐지를 넘는 새로운 특징 추출 및 알고리즘 개발을 기반으로 한 이에 적합한 데이터세트 구축이 필요하다.

컨테이너 기반 위변조 탐지를 위한 데이터세트

오디오 포렌식에서 컨테이너 기반 위변조 탐지는 필수적으로 수행되는 기본적이면서도 핵심적인 절차다. 이를 위해 감정물과 동일한 조건에서 녹음된 비교용 테스트 오디오 파일이 필요하다. 이러한 필요성에 따라 최근 대검찰청에서 관련 프로젝트를 수행하기도 했지만(이경탁, 2021.2.17), 수많은 스마트폰 모델, 빠르게 업데이트되는 OS 버전, 다양한 녹음의 조합을 모두 아우르는 데이터베이스를 구축하는 것은 현실적으로 어렵다. 이러한 한계로 인해 컨테이너 기반 위변조 탐지를 위한 공개 데이터세트는 아직 존재하지 않는다.

이에 저자의 숭실대학교 AI Design Lab에서는 공개 데이터세트 구축을 목표로 스마트폰 기종, OS, 앱별 데이터를 수집하고 있다. 효과적인 데이터 수집을 위해 일반 대중의 참여로부터 데이터를 모으는 모바일 크라우드소싱(crowdsourcing) 방식을 채택했으며, 참여자의 입력을 최소화하고 파일 구조와 메타데이터를 자동으로 추출하고 이를 데이터베이스에 저장하는 모바일 웹 기반 수집 시스템(https://aidesignlab.org)이 개발됐다(Son et al., 2024).

현재 17종의 삼성 갤럭시 모델에서 382개의 음성 파일과 7종의 애플 아이폰 모델에서 79개의 음성 파일, 총 465개의 음성 파일을 수집한 상태다. 수집 방법은 각 스마트폰의 기본 녹음 앱을 사용해 실내에서 약 3~5초 길이로 녹음되었다. 가능한 경우 비트 레이트, 샘플링 레이트, 채널, 모드 등의 옵션을 서로 다른 조합으로 설정해서 동일 기기 내에서도 다양한 유형의 파일이 저장될 수 있도록 했다. 모든 메타데이터 및 파일 구조는 JSON으로 저장되어 관리된다. 개인정보 보호를 위해 개인 음성이 포함되지 않도록 녹음했으며 비식별화 지침을 적용했다.

또한 파일 업로드 즉시 동일 혹은 가장 유사한 데이터가 존재하면, 자동으로 컨테이너 기반 위변조를 탐지하는 시스템을 추가적으로 개발 중에 있다. 크라우드소싱, 수집, 탐지로 이어지는 순환 절차는 새로운 스마트폰 모델과 앱, 업데이트된 OS가 등장해도 위변조 탐지를 원하는 일반인이 스스로 비교용 데이터를 확보해서 입력함으로써, 데이터세트가 스스로 성장하면서 위변조 판별 능력도 함께 성장하는 지속 가능한 시스템이 될 것이다. 본 시스템에서 수집된 데이터세트는 컨테이너 기반 위변조 탐지를 위한 연구뿐 아니라 실무에서도 다양하게 활용될 수 있을 것으로 기대된다.

콘텐츠 기반 위변조 탐지를 위한 데이터세트

스마트폰이 대중화됨에 따라 회의, 기록, 전화 통화 등 녹음이 일상화되면서 범죄와 관련된 증거가 음성 녹음 파일로 수사 기관에 제출되는 경우가 증가하고 있다. 이와 동시에 증거로 제출된 음성 녹음 파일이 위변조되었다고 주장하는 경우도 증가하고 있다(양일호 외, 2014; 송유진 · 김기범, 2022). 이렇게 제출된 스마트폰 음성파일 증거는 M4A 파일 포맷이다. 반면, 오디오 편집 탐지를 위해 사용되는 파일 포맷은 WAV다.

오디오 편집 데이터세트는 일반적으로 대부분 공개 코퍼스를 기반으로 자신의 연구 목적에 따라 편집이 이루어지고 WAV 파일로 저장되어 구축된다. 이러한 공개 코퍼스들은 스튜디오 녹음, 인터넷 동영상, 전화 통화 녹음, PC 마이크 등 다양한 경로를 통해 수집되고 있기 때문에, 어떠한 장비로 어떻게 녹음되었는지에 대한 정보가 없는 경우가 많다. 하지만 오디오 포렌식 연구 관점에서는 원천 녹음 장비가 명확해야 기기별 포맷 습관, 하드웨어 특성, 잡음 특성까지 분석 가능하다.

WAV와 달리 M4A는 AAC 코덱에서 인코더 프라이밍과 패딩을 생성하며 디코더에 따라 트리밍(trimming)과 정렬 방식이 달라진다. 이는 경계의 미세 단서, 재압축 흔적, 기기 및 앱의 고유 포맷 습관을 분석할 때 중요한 차이를 만든다. 따라서 원본 M4A를 수집하고 편집한 후, 이를 다시 동일한 인코더를 사용하여 저장한 데이터세트가 필요하다. 결국 이러한 데이터세트는 연구와 실무의 간극을 줄이는 데 공헌할 것이다.

이에 저자의 숭실대학교 AI Design Lab에서는 이를 위해 높은 난이도의 혼합 붙여넣기 기반 위변조 학습 데이터세트를 구축했다(Son et al., 2023). 이 데이터세트의 구축 과정을 바탕으로, '실제 스마트폰 증거 환경을 보전하면서도 대규모 학습에 적합한' 데이터 생성 및 가공 파이프라인을 설명하고자 한다. 설계의 출발점은 두 가지다. 첫째, 편집이 시간 프레임을 바꾸지 않는 혼합 붙여넣기는 전통 기법으로 탐지가 어렵다. 둘째, 스마트폰 원본(M4A/AAC) 특유의 포맷, 코덱, 패딩 단서를 유지해야 포렌식적으로 의미 있는 학습이 가능하다. 이를 위해 녹음, 편집, 동형 재인코딩, 스펙트로그램 변환, 라벨링(labelling)으로 이어지는 구축 단계를 수립했다.

본 데이터세트 구축을 위해 먼저 국내에서 가장 많이 사용되는 아이폰과 갤럭시 스마트폰 녹음을 기반으로 어도비 오디션의 혼합 붙여넣기(overlap 옵션) 기능을 이용해 카피-무브 기반 편집을 수행한 후에 원본과 동일한 인코더를 가지고 동일한 샘플링 레이트와 비트 레이트로 설정해서 M4A로 저장했다. 이 데이터세트를 학습 효율과 개인정보 보호를 위해 다양한 고해상도 스펙트로그램 이미지로 변환해 교육과 연구에 활용하고 있다. 최종적으로 전체 데이터세트의 규모는 원본 1555개와 위변조 1만5224개(스펙트로그램 이미지로는 원본 4665장과 위변조 4만5672장)가 구축되었다. 각 단계별 데이터세트 구축 방법은 다음과 같다.

음성 파일 수집

음성 파일은 아이폰 2개의 모델(아이폰 14 프로 맥스와 13 미니)과 삼성 갤럭시(노트 20과 S23+) 2개의 모델에 내장된 기본 앱으로 녹음되었다. 녹음을 위한 한국어 대본은 특징 추출, 편집 탐지 알고리즘 개발, 음성 연구 등 다양한 활용을 고려해서 자음 발성 유형인 평음(예사소리), 격음(거센소리), 경음(된소리)이 균형 있게 포함되도록 했다. 샘플링 레이트와 비트 레이트는 기기의 기본 설정 값을 따르며, 각 파일은 평균 약 13 문장이 포함되도록 했다.

혼합 붙여넣기 편집

편집은 일반적으로 가장 많이 활용되는 어도비 오디션의 혼합 붙여넣기(overlap 옵션)를 사용해 무음 혹은 저에너지 구간 위에 겹쳐 넣기로 수행되었다. 동일 파일 내부의 특정 구간을 복사해 겹치므로 카피-무브의 변형으로 시간 프레임은 변하지 않는다. 국소 탐지 학습을 위해 편집 전후의 원본 구간 및 삽입 구간을 마커(marker, 샘플 단위)로 정확히 기록해 메타데이터로 남겼다.

동형 재인코딩

편집 중간 산출물(WAV)을 원본과 동일한 특성의 M4A(AAC)로 재인코딩 했다. 이 단계의 목표는 샘플링 레이트, 비트 레이트, 최대 주파수, 차단 주파수 등 스펙트로그램에서 나타날 수 있는 현상을 원본과 동일하게 맞추는 것이다.

스펙트로그램 변환 및 라벨링

최종 오디오 편집 파일을 학습 효율과 개인정보 보호를 위해 선형, 로그, 멜 스펙트로그램을 고해상도 이미지로 변환했다(4608×3456, 4320×2880). 각 기기의 대역폭을 고려해 주파수를 픽셀에 대응시키는 비율을 정한 뒤, 시간축도 조작된 구간의 시작 시간과 길이를 픽셀 좌표에 매핑(mapping)하여 바운딩 박스(Bounding Box) 라벨이 생성되었으며, 조작 구간의 시작 시간과 길이, 원본에서 가져온 구간, 발화 텍스트도 함께 제공된다.

구축된 데이터세트가 4종류의 기기로 녹음되었다는 점과 어도비 오디션 소프트웨어의 혼합 붙여넣기만으로 편집이 수행되었다는 점에서 한계가 있다. 이 데이터로 학습된 모델은 다음과 같은 질문에 대한 대답이 필요할 것이다. 첫째, 혼합 붙여넣기 외의 편집 기법을 탐지할 수 있을까? 둘째, 학습에 사용되지 않은 스마트폰 기종에서 녹음된 편집을 탐지할 수 있을까? 마지막으로 어도비 오디션 외의 소프트웨어에서 만들어진 편집된 흔적을 탐지할 수 있을까? 이러한 질문들에 대해 만족스러운 결과를 가져온다면, 이 데이터는 높은 가치를 가질 것으로 판단된다. 더욱이 이 데이터세트는 위변조 탐지뿐 아니라 다양한 AI 모델 개발을 위해 사용될 것으로 기대된다.

참고문헌

송유진·김기범(2022). "어플리케이션의 음성녹음 파일에 대한 위변조 탐지 연구". 《디지털포렌식연구》, 16(3), 65~76쪽.

양일호 외(2014). "법음성학에서의 오디오 신호의 위변조 구간 자동 검출 방법 연구". 《말소리와 음성과학》, 6(2), 21~28쪽.

이경탁(2021.2.17). "檢, 스마트폰 녹음 파일 위변조 식별 기술 개발한다". 조선비즈. https://biz.chosun.com/site/data/html_dir/2021/02/17/2021021700406.html

Son, H. et al.(2024). Automated detection of container-based audio forgery using crowdsourcing for dataset building. *Aptisi Transactions on Technopreneurship, 6*(1), pp.119~135.

Son, Y. et al.(2023). Spectrogram dataset of Korean smartphone audio files forged using the "Mix Paste" command. *Data, 8*(12), 183.

Yamagishi, J. et al.(2021). ASVspoof 2021: Accelerating progress in spoofed and deepfake speech detection. arXiv preprint. https://doi.org/10.48550/arXiv.2109.00537

Yi, J. et al.(2024). Towards audio deepfake detection and analysis in the wild. arXiv preprint. https://doi.org/10.48550/arXiv.2408.04967

Zhang, L. et al.(2021). An initial investigation for detecting partially spoofed audio. arXiv preprint. https://doi.org/10.48550/arXiv.2104.02518

Zhang, Y. et al.(2025). PartialEdit: Identifying partial deepfakes in the era of neural speech editing. arXiv preprint. https://doi.org/10.48550/arXiv.2506.02958

07
오디오 포렌식을 위한 AI 모델

앞 장에서 논의한 데이터세트는 오디오 포렌식 분야의 다양한 실무적 문제를 해결하기 위한 AI 모델 개발의 초석이 된다. 이 장에서는 이를 활용하여 저자의 연구실에서 개발한 세 가지 핵심 AI 모델을 소개하고자 한다. 구체적으로 '혼합 붙여넣기'와 같은 고도화된 편집 기법 탐지, 녹음 파일 기반의 스마트폰 기종 식별, 그리고 AI 창작 음악과 인간 작곡 음악을 구별하는 모델의 구축 과정과 성능, 그리고 그 의미를 상세히 다룬다.

AI와 애니메이션?

혼합 붙여넣기 편집 탐지 모델

앞에서 논의한 혼합 붙여넣기 편집 데이터세트를 활용해서 혼합 붙여넣기 편집 탐지를 위한 딥러닝 모델 개발에 관한 연구가 저자의 연구실에서 수행되었다(Son & Park, 2024). 본 연구를 기반으로 특징 추출, 모델 구축 방법, 성능 등에 대해 구체적으로 논하고자 한다. 본 모델은 스펙트로그램 기반 하이브리드 모델로, 한국어 음소의 특징을 활용하였다. 이 하이브리드 모델은 서로 다른 딥러닝 기법을 결합하여 각 기법의 강점을 극대화하고 약점을 보완하는 방식으로 설계되었다. 즉 CNN과 LSTM을 결합하여 스펙트로그램 이미지와 발음 시퀀스를 동시에 처리할 수 있는 모델을 구축했다.

특징 추출

이 하이브리드 모델을 위한 알고리즘을 구축하기 위해, 먼저 천이 대역에서 발생하는 한국어 자음(평음, 경음, 격음, 치찰음)이 포함된 단어의 스펙트로그램에서 특징적인 패턴을 확인하였다. 이 영역은 혼합 붙여넣기 편집과 재인코딩 후 원본 파일과 다른 불규칙한 특성이 나타나는 것을 발견했다.

모델 구축 과정

하이브리드 모델의 구축 과정은 다음과 같다. 첫째, 전이 학습(transfer learning) 기반의 CNN 모델로 ResNet18을 사용하였다. ResNet18을 선택한 이유는 사전 학습된(pre-trained) 모델로서, 잔차 연결(residual connection, 신경망의 일부 레이어를 건너뛰는 경로를 만들어 입력값을 출력값에 직접 더해주는 기술) 구조를 통해 심층 신경망에서 발생하는 성능 저하 문제를 극복하고, 안정적인 학습이 가능하기 때문이다(He et al., 2016). 본 연구의 CNN 블록에서는 ResNet18의 최종 평균 풀링 레이어(average pooling layer) 출력 형태가 1×1×512이므로, 이를 통해 512차원의 특징 벡터를 추출하였다.

둘째, 텍스트를 자음 유형 시퀀스로 변환하여 LSTM에 입력하였다. 이 변환 과정에서는 오픈소스 라이브러리인 g2pK(grapheme-to-phoneme conversion for Korean)를 이용해 형태소를 음소로 변환하였으며, 문법적 규칙이 아닌 음운 규칙을 기반으로 텍스트를 표현하였다. 이어서 오픈소스 라이브러리 KoG2P를 활용하여 음소를 분리하고 기호화하였다. 이후 자음을 평음, 격음, 경음, 마찰음으로 분류하여 0, 1, 2, 3과 같이 자음 시퀀스를 형성하고 이를 LSTM에 입력하였다.

셋째, ResNet18에서 추출한 512차원 특징 벡터와 LSTM 은닉 상태(hidden state)에서 얻은 또 다른 512차원 벡터를 결합하여 총 1024차원의 특징 벡터를 생성하였다. 이 벡터는 1024×512 완전 연결층(fully connected layer)과 512×1 완전 연결층을 거친 뒤, 최종적으로 시그모이드(sigmoid) 함수를 통해 입력 음성을 원본 또는 편집으로 분류하였다.

학습 및 실험 환경

다양한 실험을 위해 구축된 데이터세트 중 애플 아이폰 13 미니와 14 프로 맥스로 녹음되고 편집된 데이터만이 활용되었다. 녹음된 933개의 오디오 파일로 구성되었으며, 원본 오디오 파일로부터 추출된 2604개의 원본 구간과 위조 오디오 파일로부터 추출된 2358개의 위조 구간이 학습 및 테스트에 사용되었다. 이 구간들은 학습, 검증, 테스트 세트로 나누어 각각 7:1:2의 비율로 할당하였다. 학습 과정은 우분투(Ubuntu) 20.04 환경에서 수행되었으며, 지포스(GeForce) RTX3090 그래픽 카드를 장착한 시스템을 사용하였다. 프로그래밍 환경으로는 파이선(Python) 3.10.9와 파이토치(PyTorch) 2.0.1을 사용하였다. 최적화 기법으로는 아담 옵티마이저(Adam

Optimizer)를 채택하였으며, 손실 함수로는 이진 교차 엔트로피(Binary Cross Entropy)를 적용하였다. 학습 파라미터는 에포크(epoch) 250, 학습률(learning rate) 0.005, 배치 크기(batch size) 128로 설정하였다.

결과 및 실험

본 하이브리드 모델의 이진 분류 성능은 정확도 97.5%, 재현율 97.6%, 정밀도 97.6%, F-1 Score 97.6%, 특이도 97.4%를 나타냈다. 본 연구에서 제안한 하이브리드 모델의 추가적인 성능을 검증하기 위해, 다음과 같은 연구 질문을 중심으로 일련의 실험을 수행하였다. 첫째, 본 데이터세트 구축에 사용되지 않은 기기에서 녹음된 위조 파일도 탐지할 수 있을까? 둘째, 어도비 오디션 이외의 편집 소프트웨어로 제작된 위조 파일도 탐지할 수 있을까? 셋째, 스플라이싱과 삽입 기반 카피-무브 편집을 탐지할 수 있을까?

첫 번째 질문을 검증하기 위해 데이터세트 구축에 포함되지 않은 아이폰 11 모델로 녹음한 파일을 활용하였다. 아이폰 11 녹음 파일을 어도비 오디션의 혼합 붙여넣기 기법으로 편집한 총 368개의 파일을 제작했다. 이를 본 모델에 적용한 결과 96%의 정확도를 기록했다. 추가적으로 삼성 갤럭시 노트 20 기기로 녹음한 파일을 활용하여 모델 성능을 평가했다. 그 결과 정확도는 다소 낮아진 82%로 나타났다. 이는 아이폰과 대역폭은 유사하지만 차단 주파수가 서로 다르기 때문인 것으로 분석된다(아이폰 차단 주파수는 대략 16kHz, 갤럭시 노트 차단 주파수는 대략 20kHz). 차단 주파수가 상이함에서 오는 모델 성능의 저하를 줄이기 위해 추가적인 연구 전략이 필요하다.

두 번째 질문을 검증하기 위해 어도비 오디션과 다른 편집 소프트웨어인 아이조톱(iZotope) RX 10을 사용하여 위조 파일을 생성하였다. 아이폰 14 Pro Max로 녹음한 원본 파일을 기반으로, 아이조톱의 혼합 붙여넣기 명령어를 이용해 198개의 위조 파일을 제작하였다. 어도비 오디션과 달리 아이조톱은 특정 구간 선택을 허용하지 않아 혼합 붙여넣기 과정에서 천이 대역이 포함되었다. 이 실험 결과, 모델은 95%의 정확도를 보였다.

세 번째 질문과 관련하여, 모델의 스플라이싱 및 삽입 기반 카피-무브 편집 탐지 성능을 검증하였다. 동일한 기기로 녹음한 두 개의 오디오 파일을 연결하여 171개의 스플라이싱 위조 파일을 제작하였으며, 이때 모델은 97%의 높은 정확도를 기록했으나, 삽입을 통해 제작된

200개의 카피-무브 위조 파일 탐지에서는 정확도가 59%로 크게 낮아졌다. 이는 혼합 붙여넣기와 카피-무브는 편집 방식에서 근원적 차이가 있는 것으로 판단되며, 두 편집 기법에 대한 탐지 모델을 분리해서 구축하는 방안을 고려해 볼 수 있다.

음성 녹음 파일로 스마트폰 기종 식별 모델

앞에서 논의한 실제 스마트폰 환경에서 생성된 M4A 음성 파일 데이터세트를 기반으로 스마트폰 기종 분류를 위한 모델에 대한 연구가 저자의 연구실에서 수행되었다(손영민, 2025). 본 연구를 기반으로 그 내용을 논하고자 한다. 본 연구는 앞에서 설명한 컨테이너 기반 위변조 탐지를 위한 데이터세트를 활용해서 개발된 딥러닝 모델이다. 이 데이터세트는 17개의 삼성 갤럭시 모델에서 녹음된 382개의 음성 파일과 7개의 애플 아이폰 모델에서 녹음된 79개의 음성 파일, 총 465개의 M4A 파일로 구성된다.

이 모델은 증거로 제출된 파일의 원본성과 녹음 장치의 출처를 과학적으로 검증할 수 있는 오디오 포렌식 기술이 될 수 있다. 예를 들어, 피고인이 실제로는 애플 아이폰 13 미니에서 녹음했음에도 범죄를 숨기기 위해 애플 아이폰 11에서 녹음된 파일이라고 주장할 수 있다. 이를 위해 메타데이터와 파일 구조를 아이폰 11에서 녹음된 것처럼 간단하게 위변조를 수행한다. 즉, 재인코딩 없이 컨테이너 기반의 위변조가 수행된 것이다. 이 경우 경찰 수사에 큰 혼란을 야기할 수 있다. 이러한 상황에서 본 모델은 유용하게 활용될 수 있을 것이다.

데이터 전처리 및 특징 추출

이 모델은 스마트폰 기종마다 탑재된 마이크로폰이 다르다는 점에 착안하여, 녹음 시작 후 첫 1초 동안 나타나는 마이크로폰의 고유한 반응 특성을 핵심 단서로 활용했다. 분석의 일관성을 확보하기 위해, 기기별 공통 신호 대역인 컷오프 주파수 이하의 데이터만을 사용했으며, 이 신호에서 인간의 청각 특성을 효과적으로 모방하는 MFCC를 특징으로 추출했다. MFCC는 음성의 내용뿐만 아니라 마이크의 주파수 응답이나 아날로그-디지털 변환(Analog-to-Digital Converter, ADC) 과정에서 생기는 미세한 잡음 패턴 같은 기기의 하드웨어적 흔적을 잘 포착한다.

이 때문에 화자 인식은 물론 녹음 장치 식별 연구에서도 중요하게 사용된다(Reynolds & Rose, 1995). 다만

1초라는 짧은 구간에서는 정적인 MFCC만으로는 부족하다고 판단하여, 시간의 흐름에 따른 특징의 변화를 잡아내기 위해 1차 도함수(delta)와 2차 도함수(delta-delta)를 추가로 활용했다. 이는 각각 특징의 속도와 가속도를 분석하여 더 풍부한 정보를 모델에 제공하는 역할을 한다.

딥러닝 모델

본 연구의 모델은 데이터세트에서 추출된 MFCC와 도함수가 결합된 특징 입력을 기반으로 CNN 구조를 이용해서 개발되었다(Davis & Mermelstein, 1980). 이 CNN 모델은 3개의 합성곱 계층과 2개의 완전 연결 계층 구조로 구성되며, 각 합성곱 계층에는 ReLU 활성화 함수와 배치 정규화(Batch Normalization)가 적용되었다(Ioffe & Szegedy, 2015). 또한 과적합(overfitting, 학습용 데이터는 잘 예측하지만, 새로운 데이터는 예측하지 못하는 상태) 방지를 위해 드롭아웃(dropout) 기법이 사용되었다. 이 모델은 연구용으로 다양하고 빠른 실험을 위해 비교적 간결한 구조를 갖지만, 향후 최적화된 구조로 개선될 예정이다.

결과 및 실험

본 연구에서 개발된 모델은 91.4%의 정확도를 기록했다. 제조사별 실험에서는 애플의 아이폰 기종은 100% 정확도를 나타낸 반면, 삼성 갤럭시 기종은 91.1%의 정확도를 나타냈다. 기종별 실험에서는 최고 100%, 최저 45%를 나타냈다. 특히 삼성 갤럭시 S24 울트라(Ultra)는 정확도 45%, 삼성 갤럭시 노트 20 울트라는 정확도 54.5%로 상대적으로 낮은 성능을 보였다.

일반적으로 삼성의 울트라 버전 제품들은 최상위급 고성능 모델로 고해상도 마이크로폰과 강력한 소프트웨어 보정 알고리즘이 적용되어 기기 고유의 잡음 패턴을 약화시켰을 가능성이 있다. 이에 비교적 간단한 현재 CNN 모델 구조의 고도화 및 데이터 확충을 통해 분류 성능을 개선할 수 있을 것으로 판단된다. 본 연구의 특징 추출 방식 자체는 표준 접근법을 따르고 있지만, 실제 스마트폰 녹음 파일(M4A), 초기 1초, 기기 식별이라는 차원에서 실무적 가치와 응용 가능성을 지닐 것으로 기대된다.

AI 창작 음악과 인간 작곡 음악 식별 모델

최신 AI 음악 생성 서비스는 이제 전문가조차 구별하기 어려울 정도로 높은 완성도의 음악을 자동으로 만들어 내고 있다. AI가 예술 창작 영역에 본격적으로 진입하면서 저작권, 창작의 주체성, 공정성과 같은 사회적, 윤리적 문제가 발생하고 있다. 이러한 문제에 대응하기 위해서는 AI 창작 음악을 신뢰성 있게 식별하는 기술이 필요하다. 저자의 박사과정 학생은 AI 창작 음악과 인간 작곡 음악 식별을 위한 AI 모델에 관한 연구를 진행 중에 있다. 현재 진행 중인 연구를 바탕으로 그 내용을 소개하고자 한다.

본 연구는 오디오 포렌식 분야와 매우 밀접한 관련이 있다. AI 창작 음악 식별 모델은 저작권 분쟁 해결 및 사기 및 허위 사실 방지 등 다양한 법적 문제를 해결할 수 있는 새로운 유형의 디지털 증거를 검증하는 기술이 될 수 있다. 예를 들어, 어떤 작곡가가 AI로 음악을 만들어 놓고 자신이 직접 창작했다고 주장할 경우, 법적 분쟁이 발생할 수 있다. 이때 이 모델을 사용하면 해당 음악이 AI에 의해 생성되었을 가능성에 대한 과학적 근거를 제시할 수 있을 것이다. 이는 디지털 증거의 출처를 밝히는 오디오 포렌식의 기본 원칙과 일치한다. 또한 유명 가수가 발표하지 않은 미공개곡이라며 AI 생성 음악을 판매하는 사기가 발생했다면, AI 창작 음악 식별 모델을 통해 해당 음원이 실제 인간의 창작물이 아님을 판별하는 데 활용될 수 있다.

데이터 전처리 및 특징 추출

본 연구를 위해 생성형 AI 음악 서비스인 우디오(Udio)와 수노(Suno) AI에서 AI 창작 음악 파일 1190개와 자멘도(Jamendo)에서 인간이 작곡한 음악 파일 1013개, 총 2203개의 음악 파일을 수집했다(조정일 · 박재완, 2025). 수집된 데이터들의 기술적 편향을 제거하기 위해 모든 음원을 RMS 정규화(-18dBFS 기준)하고 44.1kHz의 WAV 포맷으로 통일하는 데이터 전처리를 수행했다. 전처리된 음원으로부터 MFCC 통계 값 80개의 특징을 추출하고, 추가적으로 오디오 신호의 시간과 주파수 영역 특징 등 21개의 특징이 결합된 총 101개의 음향 특징을 추출했다.

모델 구축 및 실험 결과

본 연구는 AI 창작 음악을 식별하기 위한 설명 가능한 AI(eXplainable AI, XAI)를 구축하는 것이 최종 목표다. 이를 위해 딥러닝 대신 통계적 특성을 더 잘 이해할 수 있는 머신러닝을 기반으로 모델을 설계했다. SVM(RBF), SVM(linear), 로지스틱 회귀(logistic regression) 등 총 8개의 머신러닝 모델을 대상으로 학습이 수행되었다. 실험 결과, SVM(RBF) 모델이 97%의 가장 높은 정확도를 보였으며, SVM(linear)와 로지스틱 회귀 같은 선형 모델들도 96.8%의 높은 정확도를 기록했다. 중요 특징 분석 결과, 모델들은 공통적으로 주파수 대비(spectral contrast)와 고차 MFCC 계수를 AI 음악 식별의 중요한 단서로 사용했다. 주파수 대비는 음색의 다채로움을 나타내는 지표로서, 이 특징이 중요했다는 것은 AI 음악이 인간의 음악보다 음색이 단조롭고 주파수 패턴이 일정할 수 있음을 나타낸다. 또한, 섬세한 고주파 정보를 담고 있는 고차 MFCC 계수가 중요했다는 점은, AI 음악이 인간 음악과 다른 미세한 노이즈나 왜곡을 가지고 있음을 보여 준다. 이러한 통계 기반의 특징 분석은 바로 결론을 내는 딥러닝과 달리 XAI를 구현하기 위한 필수적인 과학적 과정이다.

한계점 및 발전 방향

현재의 연구가 우디오와 수노라는 특정 플랫폼에만 국한되어 있다는 점이 가장 큰 문제다. 이는 모델이 AI 음악 생성 알고리즘의 일반적 특성을 포착한 것인지, 아니면 특정 플랫폼의 기술적 특성에 과도하게 의존한 것인지 불분명하다. 이를 확인하기 위해 다른 AI 창작 음악 플랫폼에서 수집된 데이터를 가지고 구축된 AI 음악 식별 모델을 검증할 필요가 있다.

참고문헌

손영민(2025). “스마트폰 오디오 녹음 파일 기반 기종 분류를 위한 딥러닝 모델”. 숭실대학교 석사학위논문.

조정일·박재완(2025). “생성형 AI 음악 식별을 위한 데이터 셋 구축 및 검증”. 《아시아태평양융합연구교류논문지》, 11(2), 1~11쪽.

Davis, S. & Mermelstein, P.(1980). Comparison of parametric representations for monosyllabic word recognition in continuously spoken sentences. *IEEE Transactions on Acoustics, Speech, and Signal Processing, 28*(4), pp.357~366.

He, K. et al.(2016). Deep residual learning for image recognition. *Proceedings of the IEEE Conference on Computer Vision and Pattern Recognition*, pp.770~778.

Ioffe, S. & Szegedy, C.(2015). Batch normalization: Accelerating deep network training by reducing internal covariate shift. *Proceedings of the International Conference on Machine Learning, 37*, pp.448~456.

Reynolds, D. A. & Rose, R. C.(1995). Robust text-independent speaker identification using Gaussian mixture speaker models. *IEEE Transactions on Speech and Audio Processing, 3*(1), pp.72~83.

Son, Y. & Park, J. W.(2024). Detecting forged audio files using “Mixed Paste” command: A deep learning approach based on Korean phonemic features. *Sensors, 24*(6), 1872.

08
법정 증거로서의 오디오 파일과 AI의 역할

오디오 파일이 법정에서 증거로 채택되기 위해서는 위변조되지 않았다는 '진정성'이 반드시 입증되어야 한다. 그러나 위변조 기술의 발전은 전통적인 포렌식 분석의 한계를 드러냈고, 이는 사법 시스템에 새로운 도전이 되고 있다. 이 장에서는 이러한 문제를 해결할 대안으로 AI 기반 오디오 포렌식의 역할을 조명하고, AI의 분석 결과가 법적 증거로서 신뢰를 얻기 위한 과학적, 법적 요건들을 심도 있게 논의하고자 한다.

AI와 인재 채용?

디지털 증거의 증거 능력 요건과 한계

오디오 편집 기술이 발전하면서 누구나 쉽게 음성 파일을 조작할 수 있게 되자, 파일의 진정성(authenticity, 생성된 시점 그대로의 원본이며, 그 이후 어떠한 위조나 변조되지 않았음을 증명하는 것)을 증명하는 것이 더욱 중요해졌다. 하지만 파일의 진정성을 완벽히 증명하려면 녹음 기기를 직접 압수하여 조사해야 하는데, 개인정보 보호 문제로 인해 중대 범죄가 아닌 이상 이 절차를 진행하기는 현실적으로 어렵다. 대법원 판례에 따르면, "녹음자의 의도나 특정한 기술에 의하여 내용이 편집·조작될 위험성이 있음을 고려하여, 그 대화 내용을 녹음한 원본이거나 혹은 원본으로부터 복사한 사본일 경우에는 복사 과정에서 편집되는 등 인위적 개작 없이 원본의 내용 그대로 복사된 사본임이 입증되어야만 하고, 그러한 입증이 없는 경우에는 쉽게 그 증거 능력을 인정할 수 없다"(대법원, 2008.12.24)고 함으로써 진정성과 원본성을 중시하고 있다.

더욱이 "인위적 개작 없이 원본 내용을 그대로 복사한 사본이라는 점은 녹음 파일의 생성과 전달 및 보관 등의 절차에 관여한 사람의 증언이나 진술, 원본이나 사본 파일 생성 직후의 해시 값과의 비교, 녹음 파일에 대한 검증·감정 결과 등 제반 사정을 종합하여 판단할 수 있다"(대법원, 2015.1.22)라고 명시하고 있다. 하지만 스마트폰으로는 데이터를 쉽게 옮길 수 있어, 음성 파일을 증거로 제출하기 전에 얼마든지 위변조할 수 있다. 이 때문에, 녹음 기기 자체를 조사하지 않는 한 파일의 진정성을 완벽히 증명하기는 어렵다. 증거 제출 이후에 생성된 해시 값은 제출된 시점부터 파일이 바뀌지 않았다는 무결성만 보장할 뿐, 그 이전에 조작되었는지는 알려주지 못한다. 또한 만약 파일이 위변조되었다면 녹음자 본인이 용의자일 가능성이 높으므로, 녹음자의 진술에만 의존하는 것도 무의미하다. 따라서 위변조 논란이 발생하면, 해당 파일 자체에 대한 과학적인 포렌식 감정 결과가 유일한 판단 근거가 된다.

결국 위 대법원 판례는 원본성을 중시하고 있으나 디지털 증거의 진정성 입증을 통해 증거 채택의 가능성을 열어두고 있다. 또한 "대검찰청 과학수사담당관실에서 이 사건 녹음 파일 사본과 그 녹음에 사용된 디지털 녹음기에 대하여 국제적으로 널리 사용되는 다양한 분석 방법을 통해 정밀 감정한 결과 이 사건 녹음 파일 사본에 편집의 흔적을 발견할 수 없고, 이 사건 녹음 파일 사본의 파일 정보와 녹음 주파수 대역이 위 디지털 녹음기로 생성한 파일의 그것들과 같다고 판정한 사실 등을 알 수 있다"라고 판결하면서 녹음 파일 사본과 녹취록의 증거 능력을 인정하고 있다(대법원, 2012.9.13). 하지만 오디오 파일에서 위변조 흔적을 찾지 못했다는 사실이 곧 그 파일이 원본임을 증명하지는 않는다(박남인 외, 2019). 이론적으로는 얼마든지 감쪽같이 조작하는 것이 가능하다.

최신 음성 복제는 수십 초, 심지어 수 초의 음성만으로도 화자와 유사한 음성을 생성할 수 있으며, 데이터와 목적에 따라 1~2분(상용)에서 30분 이상(고품질)이 요구되기도 한다. 딥페이크 기술로 특정인의 목소리를 합성(Text To Speech, TTS)하여, 그가 하지 않은 말을 녹음 파일에 포함시키는 상황이 발생하고 있다. 기존에 음성 녹음 파일에 딥페이크로 생성된 음성의 일부를 정교하게 삽입하고, 그 파일의 구조 및 메타데이터를 조작할 경우에 현 단계 기술로는 정교한 위변조를 탐지하는 것이 극도로 어렵다. 결국, 이러한 한계는 인간의 감각이나 전통적인 분석 방법만으로는 더 이상 디지털 증거의 진정성을 담보할 수 없음을 의미한다. 바로 이 지점에서 AI 기반 오디오 포렌식 모델이 새로운 해결책으로 등장한다. 다만 AI 모델도 데이터 편향, 과적합, 재현성 부족과 같은 기술적 한계와 AI가 잘못된 판결을 내려 피해자가 발생했을 경우 발생하는 책임 소재의 불분명성을 가진다. 따라서 법적 증거로 채택되기 위해서는 AI 분석 결과가 인간 감정가의 감정과 병행되어야 한다.

AI 분석 결과의 법적 채택 가능성

오디오 포렌식은 단순히 진짜 혹은 가짜를 넘어서 어떤 부분이, 왜 조작되었는지를 과학적으로 입증하는 것이 목적이다. 현재 오디오 포렌식 서비스는 수작업으로 이루어진 물리적인 편집 흔적을 찾아내는 데 특화되어 있다. 전문가들은 스펙트로그램, 켑스트럼 분석 등 다양한 음향 분석 도구를 사용한 개별 파일의 정밀한 진위 분석에 인간의 판단력을 더해 복합적으로 분석하고 있다. 즉, 한 가지 흔적만으로 결론을 내리지 않고, 여러 증거를 조합하여 논리적인 감정서를 작성한다.

미국의 경우, 판사는 감정서를 미국 연방 법원에서 과학적 증언이나 증거가 법정에서 채택될 수 있는지를 판단하는 기준인 다우버트 기준(Daubert standard)에 따라 전문가의 주장이 단순히 개인적인 의견인지, 아니면 과학적 방법론에 근거한 신뢰할 수 있는 사실인지를 판단한다(황만성, 2007). 어떤 전문가의 증언이나 분석 결과가 증거로 인정받으려면, 판사는 보통 다음의 5가지 요소를 종합적으로 고려한다. 이에 AI 모델이 검출한 위변조 결과가 증거로 채택되기 위해서는 이 5가지 요소를 충족시켜야 한다.

첫째, 해당 이론이나 기술이 객관적으로 검증될 수 있는가? 이를 위해 AI 모델은 독립된 제3의 데이터세트로 공개 검증을 통해 특정 데이터에만 과적합된 것이 아님을 증명할 필요가 있다.

둘째, 관련 이론이나 기술이 동료 전문가들의 심사를 거쳐 학술지에 발표된 적이 있는가? 이를 위해 국제적으로 권위 있는 상위 학술대회나 저널에 논문을 게재하는 것이다. 게재가 승인된다는 것 자체가 여러 동료 전문가(peer reviewer)들이 연구 방법과 결과의 타당성을 인정했다는 객관적인 증거가 된다.

셋째, 해당 기술을 적용했을 때 오류가 발생할 확률은 얼마나 되는가? 이를 위해 논문에 제시된 정확도, 정밀도, 재현율, 특이도를 명시해야 한다. 특히 재판부의 입장에서는 특이도가 오류율에서 가장 중요한 요소가 될 수 있다. 특이도가 100%가 되도록 하는 것이 중요하다. 이상적으로는 특이도가 100%에 가까워질수록 위변조 판정의 신뢰성이 강화된다. 현실적으로 100%를 달성하기는 어렵지만, 오류율을 최소화하는 방향으로 모델을 개선하는 것이 중요하다.

넷째, 해당 기술을 사용할 때 일관된 결과를 보장하는 표준 절차가 있는가? 이를 위해 분석의 모든 단계를 명문화한 표준 운영 절차(Standard Operating Procedure, SOP)를 구축해야 한다. 즉, 모든 과정이 재현 가능하도록 상세히 문서화한다. 이는 누가 분석하더라도 동일한 조건에서 일관된 결과가 나옴을 보장해야 한다. AI 분석 결과의 신뢰성은 ISO/IEC 등 국제 표준과 연결될 때 법적 설득력이 높아진다.

다섯째, 해당 이론이나 기술이 관련 분야의 과학자들 사이에서 널리 받아들여지고 있는가? 이를 위해 연구 결과가 다른 연구자들에 의해 인용(citation)되고, 유사한 후속 연구들이 출현하기 시작하면 기술의 일반적 수용 정도는 높아진다.

재판부는 'AI가 위변조라고 하니 위변조다'라고 받아들일 수는 없다. 따라서 AI가 왜 그런 결론을 내렸는지 설명할 수 있는 XAI 기술의 역할이 중요하다. 즉, 오디오 포렌식 결과가 법정에서 증거로 채택되려면, AI가 왜 위변조로 판단했는가를 설명해야 할 필요가 있다. 위변조의 근거를 제시할 수 있어야 법적 신뢰를 얻을 수 있을 것이다. 또한 XAI는 분석의 과학적 객관성과 신뢰성을 보장하고, 이를 통해 감정가는 AI의 분석 결과에 대한 해석을 최종 감정서에 작성할 수 있는 협업 모델이 완성될 것이다.

글로벌 표준화 동향과 정책적 대응

AI 기반 오디오 포렌식 분석 결과가 법적 신뢰를 얻기 위해서는 개별 기술의 성능을 넘어, 국제적으로 통용되는 표준화된 절차와 정책적 기반이 필수적이다. 현재 디지털 증거와 AI 분야의 표준화는 이미 활발히 진행되고 있으며, 이는 오디오 포렌식 분야가 나아가야 할 방향을 제시한다.

현재 디지털 증거와 AI 분야에는 국제 표준이 존재한다. 디지털 증거 분야의 표준은 디지털 증거의 식별, 수집, 보존 등 초기 처리 절차에 대한 가이드라인(ISO/IEC 27037)과 수집된 증거의 분석 및 해석 방법에 대한 지침(ISO/IEC 27042)이 제정되어 있다(Valjarević 2016; Ramadhan, 2022). 이 표준들은 디지털 증거를 다루는 기본적인 절차적 정당성을 확보하기 위한 국제적 합의다. 반면, AI 분야의 국제 표준 인공지능 신뢰성 평가(ISO/IEC TR 24028), 인공지능 시스템 품질 평가(ISO/IEC 25059), 기계 학습 분류 성능 평가(ISO/IEC TS

4213)가 제정되어 있다(임대영 외, 2023; 장용주 외, 2025; 안선호 외, 2025). 또한 AI 모델이 이러한 국제 표준을 따랐음을 공식적으로 증명하는 국제공인인증도 존재한다. 국내에서는 한국인정기구(KOLAS)가 이러한 국제 표준에 따라 AI 모델의 성능을 시험하고 공인 인증을 부여하며, 이는 국제시험소인정기구(ILAC)의 상호 인정 협정(MRA)에 따라 국제적인 효력을 가진다(한국인정기구, 2022).

현재 동향을 살펴보면, 디지털 증거를 다루는 절차적 표준과 AI 모델을 평가하는 기술적 표준은 이미 존재한다. 하지만 AI를 활용한 디지털 증거 분석이라는 두 영역이 융합된 분야의 표준은 아직 명확히 정립되지 않았다. 바로 이 지점이 오디오 포렌식 분야가 마주한 핵심 과제이며, 다음과 같은 정책적 대응이 필요하다.

첫째, AI 오디오 포렌식 융합 표준 개발이 필요하다. 기존 디지털 증거 표준(ISO/IEC 27037, 27042)을 AI 시대에 맞게 개정하거나, AI 기반 오디오 증거 분석 가이드라인과 같은 새로운 융합 표준의 제정을 국제표준화기구(ISO/IEC)에 제안해야 한다. 여기에는 분석에 사용될 AI 모델의 최소 성능 요구사항, 데이터 전처리 절차, 결과 보고서 양식 등이 포함되어야 한다.

둘째, 공인 인증제도 연계 및 법제화가 필요하다. 개발된 융합 표준을 바탕으로, AI 오디오 포렌식 도구에 대한 KOLAS 공인시험인증 프로그램을 신설해야 한다. 법원은 이 인증을 통과한 AI 도구의 분석 결과에 한해 증거 능력을 우선적으로 인정하는 디지털 증거법 개정안 등을 마련하여, AI 기술의 오남용을 막고 신뢰할 수 있는 기술이 사법 시스템에 안정적으로 도입될 수 있는 법적 기반을 구축해야 한다. 더욱이 속기 자체는 파일의 진정성과 무결성을 담보하지 않는다. 이에 속기사가 음성 파일의 녹취록을 작성하기 전에 공인시험인증을 받은 AI 시스템을 통해 선제적으로 위변조 검사가 이루어질 수 있는 제도가 필요하다. 이러한 제도는 녹취록 비용 증가를 가져올 수 있지만, 더 신뢰성 있는 녹취록은 증거 채택의 가능성을 높일 것이다. 우선적으로 형사 사건에 적용해 볼 필요가 있다. 이러한 과정은 개별 사건을 넘어 사회 시스템 전체로 확장하는 계기를 마련하게 될 것이다.

셋째, 연구개발(R&D) 지원 및 전문가 양성, 사법부 교육이 필요하다. AI 포렌식 분야의 발전을 위해 지속적인 연구개발 지원이 필요하며, 이를 통해 기술의 진보와 함께 새롭게 출현하는 안티포렌식 기법에 대응할 수 있을 것이다. 또한 이를 운용하고 해석할 공인된 전문가의 확충이 필요하다. 이를 위해 AI 포렌식 분석가 국가공인 자격 제도를 도입하고, 판사, 검사, 변호사 등 법조인을 대상으로 AI 증거의 의미와 한계를 교육하는 프로그램을 의무화해야 할 필요가 있다.

이러한 정책적 노력을 통해 AI 오디오 포렌식 기술은 비로소 법적 신뢰를 확보하고, 첨단 과학수사 기법으로 사법 정의를 실현하는 데 기여할 수 있을 것이다.

참고문헌

대법원(2008.12.24). "2008도9414 판결".

대법원(2012.9.13). "2012도7461 판결".

대법원(2015.1.22). "2014도10978 판결".

안선호 외(2025). "ISO/IEC 25059 국제표준 기반의 AI 시스템 품질 평가를 위한 측정 프레임워크". 《대한전자공학회 IICC 지능정보 및 제어 학술대회 논문집》, 166~167쪽.

임대영 외(2023). "기계학습 분류성능 평가를 위한 ISO/IEC TS 4213: 2021 적용 및 활용사례 연구". 《대한전자공학회 추계학술대회 논문집》, 853~854쪽.

장용주 외(2025). "인공지능 시스템의 신뢰성 제고를 위한 ISO/IEC TR 24028 분석 및 적용 방안에 관한 연구". 《대한전자공학회 IICC 지능정보 및 제어 학술대회 논문집》, 174~175쪽.

한국인정기구(2025). "KOLAS 공인기관 인정제도 운영요령". https://www.law.go.kr/행정규칙/KOLAS공인기관인정제도운영요령/(2025-9,20250108)

황만성(2007). "과학적 증거의 증거능력과 증명력".

《형사정책연구》, 18(3), 779~810쪽.

Ramadhan, R. A. et al.(2022). Digital forensic investigation for non-volatile memory architecture by hybrid evaluation based on ISO/IEC 27037: 2012 and NIST SP800-86 framework. *IT Journal Research and Development, 6*(2), pp.162~168.

Valjarević, A. et al.(2016). ISO/IEC 27043: 2015 – Role and application. *Proceedings of 2016 24th Telecommunications Forum*, pp.1~4.

09
AI 오디오 포렌식 기술의 한계와 윤리적 이슈

모든 기술이 그러하듯이, AI 오디오 포렌식 역시 명확한 기술적 한계를 가지고 있다. 이러한 취약점과 잠재적 위험을 이해하고 비판적으로 성찰하는 것은 책임감 있는 기술의 발전을 가져올 것이다. 이에 AI 오디오 포렌식 기술이 갖는 현실적 한계를 살펴보고, 딥페이크 음성 악용 사례를 통해 그 위협의 심각성을 조명하고자 한다. 나아가 기술이 사회적 신뢰를 확보하기 위한 윤리적 원칙과 투명성 확보 방안에 대해 논하고자 한다.

AI와 기자?

AI 오디오 포렌식의 기술적·법적 취약점

AI 오디오 포렌식 기술은 비약적으로 발전하고 있다. 그러나 위변조를 100% 탐지할 수 있는 AI 모델은 존재하지 않는다. 현재 오디오 포렌식은 다음과 같은 기술적, 법적 취약점을 가지고 있다.

전화 녹취 위변조 탐지의 한계

국내의 법적 분쟁에서 가장 빈번하게 제출되는 증거는 전화 통화 녹취 파일이다. 특히 우리나라는 삼성 갤럭시 스마트폰에 기본 탑재된 자동 통화 녹음 기능이 널리 사용되므로 법적 증거로 자주 등장한다. 최근 애플이 iOS 18에 통화 녹음 기능을 도입함에 따라 향후 통화 녹음 파일은 더 많이 증거로 제출될 것으로 예상된다. 그러나 이러한 전화 통화 파일은 기술적으로 분석하기 가장 어려운 대상이다. 전통적인 유선 전화 전화망(Public Switched Telephone Network, PSTN)은 약 300~3400Hz(일반적으로 4kHz 품질로 표현됨) 주파수 대역폭을, VoLTE (Voice over LTE) 환경은 주파수 대역폭 50~7000Hz을 사용한다(Etame et al., 2009; 이미숙 외, 2010; Radcom, 2020). 또한 스마트폰으로 아무리 고음질 통화가 가능해도, 상대방이 유선 전화라면 통화 음질은 무조건 4kHz

대역폭의 PSTN 품질로 제한된다. 이는 스펙트로그램의 해상도를 극도로 낮추며, 위변조로 인해 발생하는 미세한 편집 흔적이 데이터에 기록되지 않거나 압축 과정에서 소실되어 탐지가 거의 불가능하다(Zakariah et al., 2018). 이에 고음질 오디오의 위변조 탐지 연구에 비해, 전화 통화와 같이 대역폭이 좁고 압축률이 높은 오디오에 대한 포렌식 연구는 상대적으로 매우 드물다.

기술적 취약점

포렌식 기술이 발전하면, 이를 무력화하기 위한 안티포렌식 기술 또한 함께 발전한다. 예를 들어 특정 탐지 AI 모델의 작동 방식을 철저히 분석하고 이를 역이용하여 탐지 시스템을 의도적으로 속일 수 있는 기술을 개발할 수 있다. 이러한 기술로 위변조 파일을 만들어 AI 탐지 모델을 무력화하는 적대적 공격(adversarial attack)이 발생할 수 있다. 근본적으로 현재의 탐지 기술이 새롭게 출현하는 위변조 기술을 탐지하지 못하는 현실적 한계를 지닌다.

법적 취약점

관리 연속성은 증거물이 수집된 순간부터 법정에 제출

되기까지 모든 이동 및 처리 과정을 시간 순서대로 기록하고 증명하는 절차다. 이는 디지털 증거의 무결성과 진정성을 입증하는 가장 중요한 요소 중 하나다. 하지만 증거가 언제 제출됐는지, 어떻게 수집되었는지에 대한 기초적 정보도 작성되지 않는 경우가 있다. 원칙적으로 경찰이 증거를 수집하는 순간 해시 값을 기록하여 그 이후의 위변조를 막을 수 있다. 하지만 진짜 문제는 증거가 경찰에 제출되기 전, 즉 개인이 소지한 단계에서 얼마든지 위변조가 가능하다는 점이다. 이러한 사전 위변조 가능성 때문에 관리 연속성의 시작점부터 철저히 기록되고 증명되지 않으면 증거를 심각하게 훼손하게 된다. 관리 연속성은 육하원칙에 따라 철저히 기록되어야 한다. 만약 관리 연속성에 단 하나의 끊어진 고리라도 존재한다면, 변호인은 그 틈을 공격하여 증거가 그 사이에 오염되거나 조작되었다고 증거의 신빙성을 다투거나 증거능력을 부인할 수 있다. 판사는 이 주장을 받아들여 해당 증거의 증거 능력을 인정하지 않을 수 있다.

법정에서 양측이 각자 다른 AI 분석 결과를 들고 와서 대립하는 전문가 증언의 충돌(battle of the experts) 상황이 발생할 수 있다. 예를 들어 피고인이 디지털 오디오가 위변조 되었다고 주장하는 경우, 검찰은 대검찰청 국가 디지털 포렌식 센터와 같은 국가 전문 기관에 의뢰를 요청할 수 있다. 위변조를 주장하는 피고인은 사설 전문 기관에 의뢰를 맡길 수 있다. 만약에 감식 결과가 서로 다르다면 판사가 어느 쪽의 손을 들어줘야 할지 판단하기 어려운 법적 딜레마가 발생할 수 있다. 하지만 메타데이터와 파일 구조가 비교용 테스트 파일과 동일하다면, 메타데이터와 파일 구조의 위변조가 가능함에도 불구하고 판사는 기존의 판례에 따라 위변조가 없다고 판단할 수 있다.

딥페이크 음성 악용 사례와 규제 현황

오디오 포렌식 기술이 왜 필요한지를 가장 극명하게 보여 주는 것이 바로 딥페이크 음성 기술의 악용 사례다. 이는 사회적 혼란과 실질적인 피해를 야기하는 현실의 위협으로 자리 잡고 있다. AI 음성 합성 기술의 급격한 발전으로 보이스피싱은 더 교묘해지고 있다. 딥페이크 음성을 활용하여 자녀나 가족, 지인의 목소리를 똑같이 복제하여 돈을 요구하는 보이스피싱은 이미 현실화되어 큰 피해를 낳고 있다. 2024년 보이스피싱 피해액은 8545억 원으로 1년 새 두 배로 증가했으며, 올해는 지난해 동기 대비 99% 증가했다(공공데이터포털).

이러한 AI 보이스피싱은 범죄자가 사회관계망서비스(Social Network Service, SNS) 등에서 얻은 자녀의 목소리를 복제한 뒤 납치된 것처럼 꾸미면 부모가 압박감을 느껴 돈을 송금하도록 유도하는 방식이다(김은혜, 2025. 4.10). 최근에 2~3초의 음성 샘플만 있어도 그 사람의 자연스러운 목소리를 구현할 수 있어 범죄에 손쉽게 악용되고 있다. 보이스피싱은 단순한 사기에서 심리와 기술을 결합한 복합 범죄로 변모하고 있다.

또한 특정 정치 후보가 하지 않은 말을 한 것처럼 가짜 음성 메시지를 만들어 유포하여 선거에 직접적인 영향을 미치려는 시도가 전 세계적으로 나타나고 있다. 또한 향후에는 특정인을 범죄자로 만들기 위해 가짜 자백이나 대화 내용을 담은 딥페이크 음성 파일을 만들어 수사기관이나 법정에 제출하는 사건도 발생할지 모른다. 이 모두 사건의 본질을 왜곡하는 행위이며, 이는 금전적 피해를 넘어 사회적 신뢰의 붕괴를 초래할 수 있다.

순천향대 경찰행정학과 이윤성 석좌교수는 속도의 불균형 문제를 지적한다(원동욱, 2025.8.30). 범죄자들은 방패가 보급되기 전까지 시간적, 제도적 빈틈을 노리는 점을 언급하고 있다. 이러한 빈틈을 최소화하기 위해, KT는 국립과학수사연구원과 공동으로 과기정통부로부터 ICT 규제 샌드 박스(신기술이나 서비스가 낡은 규제에 막히지 않도록, 일정 기간 규제를 면제하여 시장에서 먼저 시험해 볼 수 있게 하는 제도) 실증 특례 사업자로 선정돼, 발 빠르게 국내 최초로 범죄자 실제 음성을 인식하고 딥페이크 음성 탐지 기능을 결합한 실시간 AI 보이스피싱 탐지 서비스 2.0을 출시했다. 이에 현재 빠르게 증가하고 있는 AI 보이스피싱에 대응할 수 있게 되었다. 이 AI 탐지 서비스는 국과수에서 제공한 보이스피싱 범죄자의 음성을 학습시켜 개발되었고, 91.6%의 탐지 정확도를 기록했다(이진호, 2025.7.29). 이와 같이 공공 안전에 도움이 될 경우, 시장에 빠르게 출시되도록 규제를 완화할 필요가 있다.

딥페이크 영상을 이용한 범죄는 음성보다 더 빠르게 증가하고 있다. 한국여성인권진흥원에 따르면 작년에 비해 올해 128% 증가한 것으로 나타나고 있다(최은서, 2025.8.28). 영상 합성 범죄는 음성 합성보다 파급력과 피해 규모가 훨씬 크다. "처음에는 음란물 합성이 대부분이었는데 지금은 정치인 연설, 기업 CEO의 투자 설명, 유명인의 인터뷰까지" 범죄가 다양해지고 있다(원동욱, 2025.8.30). 이러한 위협에 대응하기 위해 유럽연합(EU)은 세계 최초로 AI를 포괄적으로 규제하는 인공지능법(Artificial Intelligence Act)을 제정하였으며, 미국 각 주에서 선거 등과 관련한 딥페이크 규제 법안을 마련하고 있다(미디인, 2025). 국내에서는 딥페이크로 인한 피해가 증가함에 따라 「성폭력범죄의 처벌 등에 관한 특례법」에 처벌 규정을 신설하였으며, 「공직선거법」을 개정하여 딥페이크 영상을 활용한 선거운동을 금지하고 있다(노은정, 2024). 하지만 기술 발전 속도를 규제가 따라가지 못하고 있다. 특히 국경을 넘어 유포되는 딥페이크는 처벌이 어렵고, 표현의 자유와 규제 사이의 균형을 맞추는 문제 등 해결해야 할 과제가 산적해 있다.

오디오 포렌식 기술의 과학적 신뢰성과 투명성 확보

오디오 포렌식 기술이 법적, 사회적 신뢰를 얻기 위한 전제 조건은 과학적 객관성이며, 이는 투명성을 통해 확보된다. 기술이 블랙박스처럼 작동해서는 결코 증거로 인정받을 수 없다.

투명성을 위협하는 요소들

투명성과 동료 검증(peer review)의 원칙이 지켜지지 않을 때, 전문가 개인의 권위가 과학적 객관성을 대체할 위험이 발생할 수 있다. 국내의 한 유명 음성 분석 전문가 사례는 그의 분석 과정과 방법론이 투명하게 공개되고 검증되지 않아 학계의 논쟁으로 이어지며 사회적 신뢰에 대한 중요한 질문을 던졌다(배재성, 2018.5.22). 이는 특정 개인의 문제가 아니라, 포렌식 분야 전반에 투명한 검증 시스템의 필요성을 보여주는 대표적인 사례다.

또한 국가 기관이 포렌식 기술을 투명하지 않게 활용하여 내부 고발자의 음성 파일을 조작된 것으로 판명하는 등 기술을 남용할 가능성도 존재한다. 최근 인도 마니푸르 주의 한 내부 고발자가 주 총리의 발언이 담겼다고 주장하는 녹음을 제출했고 주 정부는 조작되었다고 주장했다(The News Minute, 2025.2.4). 인도 대법원은 정부 산하 중앙과학수사연구소(CFSL)에 포렌식을 지시했는데, 대법원은 CFSL의 보고서를 확인하고 방향이 잘못됐다고 지적했다. 반면, 민간 비영리 단체인 트루스 랩스 포렌식 서비스(Truth Labs Forensic Services)는 해당 음성이 주 총리 목소리일 확률이 93%라고 의견을 제시했다. 현재 재판이 진행 중이지만 트루스 랩스는 분석 과정과 결과를 투명하게 공개한 반면, 주 정부는 비공개로 처리하는 관행을 유지하고 있다. 이러한 측면에서 재판부는 트루스 랩스의 분석을 더 신뢰하게 될 것이다.

투명성 확보를 위한 구체적 방안

이러한 위험을 방지하고 기술의 신뢰를 쌓기 위해서는 다음과 같은 투명성 확보 방안이 필요하다.

첫째, 기술적 투명성이다. 설명 가능한 AI(XAI)를 통해 AI의 판단 근거를 투명하게 만들어야 한다. 단순히 위변조 확률 99%와 같은 결과만 제시하는 것을 넘어, 어떤 음향적 특징 때문에 그렇게 판단했는지 구체적인 근거를 제시하도록 의무화해야 한다.

둘째, 절차적 투명성이다. 국제 표준과 표준 운영 절차를 통해 분석 과정을 투명하고 재현 가능하게 만들어야 한다.

셋째, 알고리즘 및 데이터 접근권이다. 법원이나 피고인 측 전문가가 요청할 경우, 분석에 사용된 AI 모델의 알고리즘, 학습 데이터, 성능(오류율) 등을 사법부가 검증할 수 있도록 정보를 공개하여, 분석 과정의 공정성을 검증받도록 해야 한다.

넷째, 제도적 투명성이다. 정부나 사법부로부터 독립된 기구가 AI 포렌식 도구를 주기적으로 검증하고 인증하며, 기술 남용 사례를 감독하는 사회적 시스템을 구축하는 것이 근본적인 해결책이 될 것이다.

AI 오디오 포렌식은 강력한 잠재력을 지닌 양날의 검

과 같다. 기술의 발전을 추구하는 동시에, 그 기술이 인간과 사회에 미칠 영향을 끊임없이 성찰하고 윤리적 통제 장치를 마련하는 노력이 함께 이루어져야 한다. 이때 비로소 기술은 사법 정의에 기여하는 신뢰할 수 있는 도구로 자리매김할 수 있을 것이다.

참고문헌

공공데이터포털. "경찰청_보이스피싱 월별 현황". https://www.data.go.kr/data/15099013/fileData.do?recommendDataYn=Y

김은혜(2025.4.10). ""엄마 살려줘" AI로 흉내낸 딸 목소리… 지하철 직원이 보이스피싱 막았다". 농민신문. https://www.nongmin.com/article/20250410500221

노은정(2024). "딥페이크 관련 국내외 규제 현황 및 분석". 《KISDI Perspectives》, 2024-4.

미디인(2025). "딥페이크 규제 '주요 국가별 정책 및 법제 현황'". https://www.mediin.or.kr/upload/raonkeditordata/2025/06/20250625_084649815_88447.pdf

배재성(2018.5.22). "PD수첩이 추적한 소리박사 배명진… '성완종 음성은 허위' 의혹 제기". 중앙일보. https://www.joongang.co.kr/article/22645223

원동욱(2025.8.30). "가족애까지 해킹… AI 보이스피싱이 '신뢰의 위기' 불렀다". 중앙일보. https://www.joongang.co.kr/article/25362863

이미숙 외(2010). "4G 모바일 증감음성 서비스를 위한 코덱 기술 동향". 《전자통신동향분석》, 25(6), 29~37쪽.

이진호(2025.7.29). ““목소리까지 잡는다” … KT, ‘AI 보이스피싱 탐지 서비스 2.0’ 출시”. 디지털투데이.
https://www.digitaltoday.co.kr/news/articleView.html?idxno=580815

최은서(2025.8.28). “디성 센터서 1년간 파악한 ‘딥페이크 성범죄’ 피해자 1807명… 128% 증가”. 한국일보.
https://www.hankookilbo.com/News/Read/A2025082810070004233

Etame, T. E. et al.(2009). Towards a new reference system for subjective evaluation of coding techniques. *Proceedings of the 17th European Signal Processing Conference*, pp.914~918.

Radcom Ltd.(2020). Delivering quality VoLTE services. *Technical White Paper*.
https://radcom.com/wp-content/uploads/2021/01/Delivering-Quality-VoLTE-Services-2.pdf

The News Minute(2025.2.4). Manipur violence: Lab says 93% match between voice in leaked audio and CM Biren Singh's.
https://www.thenewsminute.com/news/manipur-violence-lab-says-93-match-between-voice-in-leaked-audio-and-cm-biren-singhs?

Zakariah, M. et al.(2018). Digital multimedia audio forensics: Past, present and future. *Multimedia Tools and Applications, 77*(1), pp.1009~1040.
https://doi.org/10.1007/s11042-016-4277-2

10
AI 오디오 포렌식의 미래

버티컬 AI가 성장하면서 하나의 목적을 위해 다양한 데이터를 복합적으로 완벽하게 처리할 수 있는 멀티모달 기술이 각광받을 것이다. 여기에 더해 실시간으로 데이터를 처리할 수 있는 기술이 가능해지면서, 오디오 포렌식은 사후의 영역에서 사전의 영역으로, 오디오 포렌식에서 음성 보안으로 자리바꿈을 하게 될 것이다. 이러한 발전 방향과 새로운 패러다임에 대해 논하고자 한다.

AI와 미래 의사?

멀티모달 기반 포렌식 기술

현재 오디오 포렌식은 소리라는 단일 감각에 의존하고 있다. 그러나 기술이 고도화되면서 오디오 위변조 흔적만으로는 진위 판별이 불가능한 시대를 맞이할 것이다. 또한, 화상 전화와 화상 회의와 같은 멀티모달(multimodal) 서비스가 성장하면서 새로운 위변조 방식도 출현할 것이다. 이러한 탐지의 한계와 새로운 위변조 방식의 출현은 멀티모달 포렌식(multimodal forensics)으로의 전환을 가속화시킬 것이다. 멀티모달 포렌식은 여러 종류의 데이터를 복합적으로 분석하여 진위를 밝히는 분야다. 인간이 눈, 귀, 지식을 총동원하여 상황을 종합적으로 판단하듯, AI 포렌식 역시 단일 감각을 넘어 다중 감각의 영역으로 확장되고 있다. 현재 다중 감각을 이용한 포렌식 기법이 출현하고 있다. 반면 이를 방해하기 위한 위변조 기법도 진화하고 있다. 이에 따라, 진화하는 위변조 기술에 대응하기 위한 새로운 방식의 멀티모달 포렌식 기법 연구가 더욱 중요해지고 있다.

오디오와 비디오(시각 정보) 결합 분석

가장 직관적이고 강력한 멀티모달 방식은 오디오와 비디오를 결합하는 것이다. 최근 딥페이스 라이브

(DeepFaceLive)와 같이 한 장의 사진만으로도 웹캠 영상 속 자신의 얼굴을 다른 사람의 얼굴로 실시간으로 바꿔주는 실시간 딥페이크 영상 기술이 등장하면서, 새로운 방식의 범죄가 출현하고 있다. 베리프(Veriff)의 보고서에 따르면 실시간 딥페이크가 로맨스 사기, KYC (Know Your Customer, 신원 확인 절차) 우회, 심지어 인증 시스템 속이기까지 사용되고 있다고 경고한다 (Bondar, 2025). 범죄자들이 실시간으로 반응하고 적응하며 속이는 방식이 진화하고 있다.

새로운 기술은 새로운 위변조 기법을 낳는다. 미래에는 온디바이스 AI(On-Device AI)가 확산되면서 보편화될 것이다(Wang et al., 2025). 이는 화상 통화를 하면서 상대방의 얼굴과 목소리를 동시에 변조하는 실시간 보이스피싱에 악용될 가능성이 매우 높다. 이처럼 딥페이크 영상은 시각적으로 매우 정교하고 진화되고 있지만, 음성과 영상 사이의 미세한 불일치는 여전히 위변조를 탐지하는 중요한 단서가 된다. 이러한 불일치는 현재 다음과 같은 분석 기법으로 탐지될 수 있다.

첫째, 입 모양 및 발성 분석(lip sync analysis)이다. 영상 속 인물의 입술 움직임(lip movement)과 실제 음성의 음소(phoneme)가 시간적으로 정확히 일치하는지 분석하는 기법이다. 정교한 딥페이크라도 특정 발음에서 입술 모양이 미세하게 어긋나거나 부자연스러운 동기화 오류를 보일 수 있다. 이를 탐지하기 위한 다양한 알고리즘이 출현하고 있다(Agarwal et al., 2020; Haliassos et al., 2021).

둘째, 미세 표정(micro-expression) 및 생체 신호(biometric cues) 분석이다. 딥페이크가 정교해지면서 음성과 입술의 단순 불일치로 탐지하기 어려워짐에 따라 출현한 기술이다. 발화 시 자연스럽게 나타나는 얼굴의 미세 근육 떨림이나 목의 성대 진동, 호흡에 따른 어깨의 움직임 등 시각적인 생체 신호가 음성의 운율(prosody)이나 강세와 일치하는지 교차 검증하는 방식이다(Mittal et al., 2020). 예를 들어 감정이 격해지는 목소리와 달리 얼굴 표정이 무표정하다면 위변조를 의심할 수 있다.

오디오와 텍스트(언어 정보) 결합 분석

음성은 단순히 소리가 아닌, 의미를 가진 언어다. 따라서 음성 분석과 언어적 분석(linguistic analysis)을 결합하는 것은 오디오 위변조 탐지에 새로운 차원을 더하는 것이다. 언어적 분석은 텍스트나 발화에 사용된 단어,

문법, 문장 구조, 스타일, 전 · 후 대화의 흐름, 대화자의 음량 및 어조의 급격한 변화 등을 분석하여 숨겨진 정보나 패턴을 찾아내는 과정이다. 전통 오디오 포렌식에서는 음성의 내용, 즉 무엇을, 어떻게 말하는가를 분석하여 위변조의 단서를 찾아내는 데 사용된다. 언어적 분석은 언어적 스타일 분석(stylometry)과 문맥적 의미 분석(contextual analysis)으로 구분된다. 이는 통계적 객관성을 기반으로 하지만 여전히 감정가의 주관적 견해가 들어갈 가능성이 있다. AI는 이 주관적 견해를 객관적 분석으로 변화시킬 능력을 지니고 있다.

첫째, 언어적 스타일 분석이다. 작가가 문체가 있듯이, 모든 사람은 고유한 언어적 스타일을 가진다. 특정 개인이 평소 사용하는 어휘, 문장 구조, 문장의 평균 길이, 특정 말버릇, 문법적 습관 등의 패턴을 통계적으로 분석한다. 만약 분석 대상 음성에서 해당 개인이 거의 사용하지 않는 단어가 등장하거나 평소와 다른 문체가 나타난다면, 이는 텍스트 기반으로 생성된 딥페이크 음성을 합성했을 가능성을 시사한다. 이는 화자 검증(speaker identification)을 통해 음성 파일의 위변조를 검출하는 기법으로 최근 활발히 연구가 진행되고 있다(Hughes et al., 2016; Sergidou et al., 2024; Cammarota et al., 2024).

둘째, 문맥적 의미 분석이다. 대화의 전체적인 맥락에서 특정 발언이 논리적으로 타당한지, 주제의 일관성이 유지되는지 분석하는 것이다(Matsumoto et al., 2022). 예를 들어, 앞뒤 문맥과 전혀 상관없는 주제의 문장이 갑자기 삽입되었다면, 이는 다른 녹취 파일에서 해당 문장을 잘라 붙인 스플라이싱 편집일 수 있다.

오감 포렌식의 비전

궁극적으로 미래의 포렌식은 인간의 오감처럼 다양한 데이터를 통합하여 진실에 접근할 것이다. 예를 들어 음성과 시각 정보, 언어 정보가 통합된다면 더 좋은 성능의 위변조 탐지 AI를 구축할 수 있을 것이다. 더욱이 멀티모달 포렌식의 궁극적 목표는 오디오, 비디오, 텍스트뿐만 아니라, 녹음 환경에 대한 정보(장소, 시간), 심박수나 뇌파와 같은 생체 신호 등 수집 가능한 모든 데이터를 종합하여 사건을 입체적으로 재구성하고 판단의 정확도를 최대한 끌어올리는 것이다. 이것이 멀티모달 포렌식이 나아갈 최종적인 비전이 될 것이다.

실시간 탐지 시스템과 엣지 AI

오디오 포렌식 기술의 미래는 단순히 사건이 발생한 후 증거를 분석하는 사후 대응에만 머무르지 않는다. 기술의 진정한 가치는 피해가 발생하기 전, 바로 그 순간에 개입하여 범죄를 예방하는 능동적인 역할에서 발현된다. 이러한 변화의 중심에 실시간 탐지 시스템과 이를 구현하는 핵심 기술인 엣지 AI(Edge AI)가 있다.

실시간 보이스피싱 탐지: 범죄의 순간에 개입하다

AI 기술은 실시간 AI로 진화하고 있다. 이러한 진화에 의해 실시간 AI를 이용한 범죄가 늘어나고 있다. 가장 대표적인 실시간 탐지 시스템은 보이스피싱 예방 분야에서 찾아볼 수 있다. 통화가 진행되는 중에 AI가 음성을 실시간으로 분석하여 발신자가 데이터베이스에 등록된 범죄자이거나 딥페이크 음성을 사용할 경우, 사용자에게 즉시 경고를 보낸다. 9장에서 살펴본 KT와 국립과학수사연구원의 협력 모델이 바로 이러한 시스템의 상용화 사례다. 더욱이, 현재 딥페이크 음성을 이용한 범죄를 넘어 실시간 딥페이크를 이용한 범죄로 진화하고 있다. 이에 용도별(화상회의, KYC 및 본인 인증, 포렌식 등)로 특화된 실시간 탐지 및 차단 솔루션이 기업을 대상으로 상용화되기 시작했다. 이는 포렌식 기술이 더 이상 법정의 증거물 분석실에만 머무는 것이 아니라, 손안의 탐지 시스템으로 진화하여 시민의 재산을 보호하는 예방적 도구로 확장될 수 있음을 보여 준다.

엣지 AI의 역할: 속도와 보안을 모두 잡다

실시간 탐지 시스템이 더욱 빠르고 안전하게 작동하기 위한 핵심 기술이 바로 엣지 AI, 즉 온디바이스 AI다. 기존 방식이 통화 내용을 중앙 서버로 보내 분석했다면, 엣지 AI는 외부 서버를 거치지 않고 스마트폰 자체에 탑재된 AI 칩셋이 직접 연산을 수행한다. 이 방식은 두 가지 큰 장점을 가진다. 첫째, 데이터가 스마트폰 외부로 전송되지 않아 개인정보를 보호할 수 있다(김장현, 2025. 4.20). 둘째, 네트워크 지연 없이 즉각적인 분석이 가능해 반응 속도를 향상시킬 수 있다(베이너, 2024.9.30). 미래에는 거의 모든 스마트폰이 엣지 AI를 기반으로 작동할 것이다. 이럴 경우, 통신사의 도움 없이, 개인 스스로 딥페이크 통화를 탐지하고 차단하는 개인화된 보안 시스템을 갖게 되는 것이다.

스마트 도시와 공공 안전: 소리로 도시를 지키다

엣지 AI 기반의 실시간 오디오 분석 기술은 개인의 스마트폰을 넘어 도시 전체로 확장될 수 있다(엄호식, 2024. 6.3). 오늘날 시민의 안전을 위해 CCTV는 도시 곳곳에 설치되어 있다. 이러한 CCTV에서 AI 칩 기반 이상 소리 탐지 기술을 탑재하면, AI는 24시간 CCTV가 보지 못하는 장소의 소리까지 들으며, 총성, 비명, 차량 충돌음 등 범죄나 사고를 암시하는 특정 소리 패턴을 즉시 식별한다. 이상 소리가 감지되면, AI는 즉시 가장 가까운 경찰서나 119 상황실에 위치 정보와 함께 경고를 전송한다. 이처럼 실시간 오디오 포렌식 기술은 미래 스마트 도시에서 시민의 안전을 지키는 눈에 보이지 않는 청각 감시 시스템이 될 것이다.

오디오 포렌식에서 음성 보안으로

AI 오디오 포렌식 기술의 궁극적인 지향점은 신뢰받는 사회적, 기술적 인프라를 기반으로 안전한 환경을 구축하는 데 있다. 이를 위해 AI 오디오 포렌식 기술은 문제가 발생한 사건의 흔적을 쫓는 수동적인 사후 분석에서, 문제가 발생하기 전에 위협을 차단하는 능동적인 사전 예방으로 패러다임이 전환되고 있다. 즉, 기술적 기반이 동일한 음성 보안의 영역으로 들어가기 시작했다. 이는 소리 자체가 신뢰의 기반이 되는 새로운 기술 생태계를 구축하는 것을 의미한다.

음성 워터마킹: 보이지 않는 진품 보증서

디지털 워터마킹(watermarking)은 음악이나 영상 파일에 저작권 정보를 삽입하는 기술로, 이를 음성 데이터에 적용하는 것이 바로 음성 워터마킹이다(조병록 외, 2002). 오디오 위변조를 사전에 예방하기 위해 모든 통화나 음성 메시지가 생성되는 순간, 사람의 귀로는 인지할 수 없는 비가청 주파수 대역에 고유한 디지털 서명이나 타임스탬프를 워터마크로 삽입하는 것이다.

이 워터마크는 일종의 진품 보증서 역할을 하게 된다. 만약 파일이 중간에 편집되거나 합성되면 이 워터마크는 훼손되거나 변형된다. 따라서 파일을 분석했을 때, 이 워터마크가 온전한 상태로 존재한다면 파일의 무결성이 신속하게 증명될 수 있을 것이다. 향후 모든 통신 서비스와 기기에서 표준화되고 신뢰할 수 있는 인증 프로토콜이 마련된다면, 이는 모든 음성 데이터가 스스로 진위성을 증명하는 강력한 사전 예방 시스템이 될 것이다.

음성 인증: 목소리가 곧 비밀 번호가 되다

미래에는 내 목소리로만 접근 가능한 서비스가 보편화될 것이다. 음성은 단순한 의사소통 수단을 넘어, 지문이나 홍채처럼 사용되는 개인 생체 인증(biometric authentication) 시스템으로 활용될 것이다(Fitsak, 2023). AI는 개인의 고유한 성문(voiceprint) 특징을 정밀하게 학습해, 그 어떤 AI 합성으로도 흉내 낼 수 없는 강력한 보안키를 생성할 것이다. 금융 거래 시 목소리로 본인 인증을 하고, 스마트 홈에 들어갈 때 음성으로 문을 열며, 기업의 기밀 문서는 특정 임원의 목소리로만 열람 권한을 부여하는 등 목소리 자체가 가장 안전하고 편리한 보안 시스템이 되는 것이다. 이는 딥페이크 음성 합성이 창이라면, 음성 인증 기술은 그 창을 원천적으로 무력화하는 가장 강력한 방패가 될 수 있음을 보여준다.

신뢰할 수 있는 소리 환경을 향하여

AI 오디오 포렌식 기술의 여정은 단순히 위변조를 가려내는 것에서 시작했다. 하지만 그 궁극적인 목표는 더 큰 곳에 있다. 실시간 탐지, 음성 워터마킹, 음성 인증 등 하나의 시스템으로 통합될 때, 신뢰할 수 있는 사회적, 기술적 인프라를 구축하는 기반이 될 것이다. 기술이 범죄가 없는 안전한 환경을 만드는 것, 이것이 AI 오디오 포렌식의 미래이자 최종 비전이다.

참고문헌

김장현(2025.4.20). "'엣지 있는' 엣지AI". 파이낸셜뉴스. https://www.fnnews.com/news/202504201812050782

세바 베이너(2024.9.30). "엣지에서의 AI 추론이 현대사회 비즈니스에 꼭 필요한 이유". 컴퓨터월드. https://www.comworld.co.kr/news/articleView.html?idxno=51276

엄호식(2024.6.3). "IP CCTV 일부였던 AI CCTV, 고유명사로 픽!". 보안뉴스. https://m.boannews.com/html/detail.html?idx=130168

조병록 외(2002). "고음질을 위한 디지털 오디오 워터마킹에 관한 연구". 《전자공학회논문지-CI》, 39(3), 62~70쪽.

Agarwal, S. et al.(2020). Detecting deep-fake videos from phoneme-viseme mismatches. *Proceedings of the IEEE/CVF Conference on Computer Vision and Pattern Recognition Workshops*, pp.2814~2822.

Bondar, I.(2025.6.18). Real-time deepfake fraud in 2025: Fighting back against AI-driven scams. Veriff. https://www.veriff.com/identity-verification/news/real-time-deepfake-fraud-in-2025-fighting-back-against-ai-driven-scams?

Cammarota, V. et al.(2024). Stylometry and forensic science: A literature review. *Forensic Science International: Synergy, 9*, 100481.

Fitsak, S.(2023.9.20). Goodbye to Passwords: Is Voice Authentication the Future of Fintech Security?. Finextra. https://www.finextra.com/blogposting/24926/goodbye-to-passwords-is-voice-authentication-the-future-of-fintech-security?

Haliassos, A. et al.(2021). Lips don't lie: A generalisable and robust approach to face forgery detection. *Proceedings of the IEEE/CVF Conference on Computer Vision and Pattern Recognition*, pp.5039~5049.

Hughes, V. et al.(2016). Strength of forensic voice comparison evidence from the acoustics of filled pauses. *The International Journal of Speech, Language and the Law, 23*(1), pp.99~132.

Matsumoto, K. et al.(2022). Topic break detection in interview dialogues using sentence embedding of utterance and speech intention based on multitask neural networks. *Sensors, 22*(2), 694.

Mittal, T. et al.(2020). Emotions don't lie: An audio-visual deepfake detection method using affective cues. *Proceedings of the 28th ACM International Conference on Multimedia*, pp.2823~2832.

Sergidou, E. K. et al.(2024). Fusing linguistic and acoustic information for automated forensic speaker comparison. *Science & Justice, 64*(5), pp.485~497.

Wang, X. et al.(2025). Empowering edge intelligence: A comprehensive survey on on-device ai models. *ACM Computing Surveys, 57*(9), pp.1~39.

박재완

숭실대학교 IT대학 글로벌미디어학부 교수다. Harvard University에서 Design & Technology 전공으로 박사학위를 받았으며, 제일기획과 KT에서 실무 경력을 쌓았다. 또한 스위스 연방 로잔공과대학교(EPFL)에서 연구 활동을 수행한 경험이 있다. 국내외 저널에 50여 편의 논문을 게재하였으며, 특허와 디자인을 포함한 20여 건의 지적재산권을 보유하고 있다. 연구 성과를 인정받아 서울시 산학연 우수과제 선정(중소기업청장 표창), Digital Design Prize(Harvard University) 등 다수의 상을 수상하였다. 현재 숭실대학교에서 AI Design Lab을 운영하며, 디자인과 IT 기술의 융합을 주제로 학제 간 연구를 활발히 진행하고 있다. 주요 연구 관심 분야는 인공지능(AI), 사용자 경험 및 인터페이스(UX/UI), 디지털 포렌식(Digital Forensics), 로보틱스(Robotics) 등이다.